SOGNO AZZURRO
Uno scudetto indimenticabile

A CURA DI
Filippo Di Chiara

TESTI DI
Nicola Berardino, Marco Ciriello, Vincenzo D'Angelo, Luigi Garlando,
Fabio Licari, Maurizio Nicita, G.B. Olivero, Sebastiano Vernazza

FOTOGRAFIE
Getty Images

PROGETTO GRAFICO
theGoodman

EDITORE
RCS MediaGroup S.p.A.
Via Rizzoli, 8 - 20132 Milano

Finito di stampare nel mese di maggio 2023

Mediagraf S.p.a.
Viale della Navigazione Interna 89
35027 Noventa Padovana (PD)

Stampato in Italia

Volume chiuso in redazione il 6 maggio 2023

SOGNO AZZURRO

UNO SCUDETTO INDIMENTICABILE

Sommario

La Gazzetta dello Sport
NAPOLI IN PARADISO
Il capolavoro sostenibile
di Stefano Barigelli

2022 2023
Un attacco stellare
CON I LORO GOL, GLI ASSIST E LE GIOCATE IMPREVEDIBILI, OSIMHEN E KVARATSKHELIA HANNO DATO VITA A UNO SPETTACOLO DA SOGNO. SONO I VOLTI PIÙ ICONICI DELLO SCUDETTO DEL NAPOLI

2022 2023
Uno scudetto indimenticabile
DOPO 33 ANNI IL NAPOLI È TORNATO A FESTEGGIARE LA VITTORIA DEL TRICOLORE AL TERMINE DI UN CAMPIONATO DOMINATO DALL'INIZIO ALLA FINE. ECCO IL RACCONTO DELLA CAVALCATA AZZURRA

2022 2023
Muscoli e geometrie
LOBOTKA, ANGUISSA E ZIELINSKI HANNO DATO VITA A UN CENTROCAMPO TRA I TOP IN EUROPA, MIXANDO SAPIENTEMENTE LE LORO QUALITÀ E METTENDOLE AL SERVIZIO DELLA SQUADRA

2022 2023
Il capolavoro di Spalletti
L'ALLENATORE DEGLI AZZURRI È RIUSCITO A CONQUISTARE IL PRIMO SCUDETTO ALLA GUIDA DI UN NAPOLI CHE HA PLASMATO A SUA IMMAGINE E SOMIGLIANZA, RENDENDOLO BELLISSIMO E VINCENTE

2022 2023
Il nuovo muro azzurro
PARTITO KOULIBALY, I TIFOSI HANNO TROVATO IN KIM E BRAHMANI UNA COPPIA DA SOGNO, SUPPORTATA DA JOLLY COME CAPITAN DI LORENZO E MARIO RUI

2022 2023
Ciak, l'Oscar di De Laurentiis

2022 2023
Per sempre nella storia della città
Buitoni

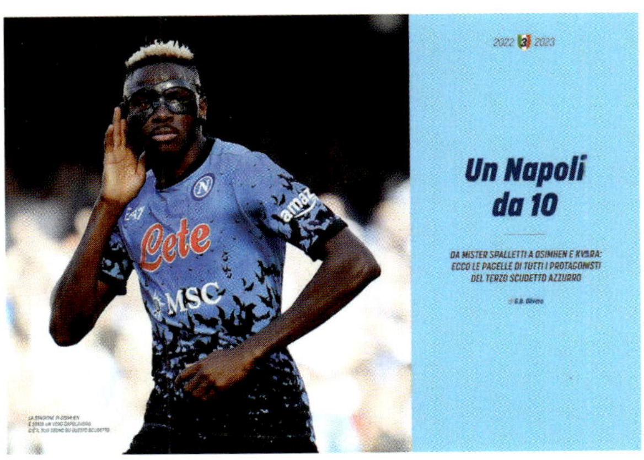
2022 2023
Un Napoli da 10
Lete
MSC

2022 2023
Il film del campionato

2022 2023
Il palmarès

www.gazzetta.it — Venerdì 5/5/2023 Anno 127 - numero 105 euro 1,50

La Gazzetta dello Sport

Tutto il rosa della vita

MOZZARELLA DI BUFALA CAMPANA DOP

CAMPIONE D'ITALIA PER LA TERZA VOLTA

di D'ANGELO, DOTTO, LAUDISA, PICCIONI, RAMAZZOTTI, SCHIANCHI, VELLUZZI
► DA PAGINA 2 A 25

L'EDITORIALE

IL CAPOLAVORO SOSTENIBILE

di ***Stefano Barigelli***

C'è stato solo il Napoli, dall'inizio alla fine. Ha vinto la squadra più bella, la più forte, quella che ha segnato di più, quella che ha difeso meglio. Nessuna aveva mai conquistato con tanta apparente semplicità lo scudetto...

► *Alle pagine* 40-41

MOZZARELLA DI BUFALA CAMPANA DOP

Il pari di Udine scatena la festa: scudetto 33 anni dopo Diego
Delirio in città e al Maradona
De Laurentiis: Ora la Champions

NAPOLI IN PARADISO

L'ANALISI

Vince la bellezza Nessun Dios ma che gruppo

di Luigi Garlando ► 2-3

I MOMENTI CHIAVE

Ferragosto boom Con Juve e Roma gli scatti decisivi

di Fabio Licari ► 18-19

E Diego lassù sorriderà...
La festa sfrenata di Napoli e in alto nei fotomontaggi: Di Lorenzo con il trofeo scudetto e Maradona che abbraccia Osimhen

LE NOSTRE INIZIATIVE

Lunedì lo speciale e poi il libro tricolore

IL TECNICO

Trionfo e lacrime La lunga attesa di Spalletti

di Sebastiano Vernazza ► 4-5

IL PAGELLONE

Osi e Kvara coppia perfetta Lobotka è da 9

di Maurizio Nicita ► 20-21

Grazie ragazzi — MOZZARELLA DI BUFALA CAMPANA DOP — CONSORZIO DI TUTELA

IL ROMPIPALLONE *di Gene Gnocchi*

Scudetto amaro per Spalletti. Al termine di Udinese-Napoli i giocatori lo hanno lanciato per aria ma poi si sono dimenticati di riprenderlo

Il capolavoro sostenibile

di ***Stefano Barigelli***

C'è stato solo il Napoli, dall'inizio alla fine. Ha vinto la squadra più bella, la più forte, quella che ha segnato di più, quella che ha difeso meglio. Nessuna aveva mai conquistato con tanta apparente semplicità lo scudetto, nessuna ha mai dato l'idea di poter competere per strapparglielo. Il campionato non è mai stato un dialogo, ma un lungo, spettacolare monologo. Il Napoli non ha dovuto superare nessuna Nuttata, è stato sempre mezzogiorno. Lo scudetto esce dal triangolo Juve-Inter-Milan dopo 22 anni. Torna al Sud dopo 33. Gli scudetti di Lazio e Roma misero economicamente in ginocchio i due azionisti e quindi i due club. Il trionfo del Napoli è stato invece costruito sul solido principio della sostenibilità. Usciti Insigne, Mertens, Koulibaly, Ruiz, Ospina. Dentro Kvaratskhelia, Raspadori, Simeone, Kim, Ndombele.

Al miracolo ora gridano tutti al punto che Giuntoli è diventato il profeta del mercato, ma nessun direttore sportivo ha mai dato un gioco a una squadra. Sullo scudetto c'è inciso il nome di Aurelio De Laurentiis, che ci ha creduto quando non ci credeva nessuno, senza aver paura di una piazza che l'ha contestato oltre ogni ragionevolezza, dimenticando che cos'era il Napoli dopo il fallimento. Poi c'è chi ha trasformato un'incognita in un capolavoro: Luciano Spalletti. Il tecnico è arrivato al suo anno magico dopo le stagioni ustionanti con Roma e Inter. A Napoli nella prima stagione ha lottato per lo scudetto. Al secondo tentativo l'ha vinto. Di solito la squadra che lo sfiora viene confermata, i cambiamenti sono pochi, mirati. Semmai si aggiunge laddove sono emersi punti deboli. Il Napoli invece è stato rivoluzionato. È cambiato così profondamente, senza che nei cambi fosse evidente un miglioramento tecnico, che nessuno sotto il sole d'agosto ha chiesto a Spalletti di vincere il campionato. D'altronde cosa vuoi chiedere a un allenatore a cui hanno tolto Koulibaly, il totem della difesa, Mertens detto Ciro, l'attaccante che ha segnato più gol con quella maglia e perfino Insigne, orgoglio napoletano? Invece proprio perché stavolta gli chiedevano poco, Spalletti ha dato tutto.

La leggerezza è stata senz'altro elemento fondamentale del suo campionato perfetto. Spalletti ha capacità che lo hanno sospinto su panchine di grandi, perciò difficili, club, ma i suoi capolavori li ha creati con Empoli e Udinese, province ideali per esprimere al meglio l'ossessione del lavoro, inseparabile compagna di Spalletti, e dove, soprattutto, la pressione è minima. Nel Napoli post rivoluzione ha potuto mettere insieme, con tranquillità, i pezzi del suo meccanismo irresistibile. A cominciare da Osimhen, centravanti formidabile, imprendibile, imprevedibile. Per continuare con Kvaratskhelia, giocatore dai mezzi notevoli, che Spalletti ha sgrezzato fino a farlo diventare un protagonista di livello europeo. E avanti con Lobotka, Anguissa, Kim, Politano e Meret, che nemmeno per un secondo ha risentito delle critiche dell'anno scorso. Non c'è un giocatore che non sia migliorato. Il simbolo è Di Lorenzo, che lavorando è diventato il capitano insostituibile di questa squadra da record. Nessuno di loro è napoletano. Gino Palumbo, Direttore indimenticato della Gazzetta che del giornalismo è stato un maestro, il giorno del primo scudetto, nell'87, disse che nessuno è straniero a Napoli. Anche oggi è così. Anche questo successo è l'impasto riuscito di un gruppo calato perfettamente in un ambiente difficile quanto unico. Gli ingredienti principali: creatività e applicazione.

Spalletti, per esempio, ha interpretato meglio di tutti la follia di una stagione con il Mondiale piantato nel mezzo, tra novembre e dicembre. I cali fisici, che pure ci sono stati, sono arrivati a scudetto ormai conquistato. Juve, Inter e Milan, invece, di peggio non avrebbero potuto fare. Se non era mai successo che nessuna delle tre grandi del Nord, a cinque giornate dal termine del campionato, fosse in grado ancora di vincere lo scudetto, significa che gli errori sono stati tanti e diffusi, tra dirigenti e tecnici. Certo nel conto va considerato che Inzaghi e Pioli hanno avuto la capacità di salire sul treno Champions arrivando fino alla gloria della finale di Istanbul: per uno dei due ci sarà di sicuro. Risultato che non giustifica un campionato così deludente, ma almeno lo spiega. La Juve nemmeno quello. In due stagioni, Allegri è finito lontanissimo dallo scudetto pur avendo a disposizione una squadra con individualità notevoli e costi pesanti. Invece pochi punti, poco spettacolo. È vero che per Allegri chi vuole divertirsi può andare al circo, ma il suo teorema regge finché vince, poi non regge più. Resta ancora un pezzo importante di stagione, giusto aspettare Juve, Inter, Milan fino a giugno. Il mese dei giudizi. Il Napoli che festeggia lassù è intanto molto lontano.

LA GRINTA DI OSIMHEN DOPO IL GOL DEL PAREGGIO CONTRO L'UDINESE, NELLA SFIDA CHE HA CONSEGNATO AL NAPOLI IL TERZO TRICOLORE

Uno scudetto indimenticabile

DOPO 33 ANNI IL NAPOLI È TORNATO A FESTEGGIARE LA VITTORIA DEL TRICOLORE AL TERMINE DI UN CAMPIONATO DOMINATO DALL'INIZIO ALLA FINE. ECCO IL RACCONTO DELLA CAVALCATA AZZURRA

*di **Luigi Garlando***

Alle ore 19 del 15 agosto 2022, l'ultima cosa che passa per la testa dei napoletani, spalmati in Costiera o da qualsiasi altra parte, è lo scudetto. È cominciato il campionato di calcio e, dopo mezz'ora di gioco, il Napoli è già in svantaggio al Bentegodi per un gol di Lasagna che si sposa bene con le abbuffate del Ferragosto. Verona, la città di Giulietta, che la tifoseria napoletana storicamente ha sempre sospettato di facili costumi, rimanda ai tempi eroici di Maradona, a quel gol meraviglioso che Diego uccellò alle spalle del povero Giuliani, calciando da metà campo. "Lasciamo perdere che ci facciamo male con i ricordi... – sospirano i napoletani in spiaggia –. Ora abbiamo Kvaradona... Vabbuò, pensiamo al sole, pensiamo alla salute."
Tutti convinti che lo svantaggio del Napoli, dopo la prima mezz'ora di campionato, sia perfettamente in linea con il piano di smobilitazione attribuito al presidente Aurelio De Laurentiis e messo in atto dal direttore sportivo Cristiano Giuntoli che in estate ha ceduto i gioielli di famiglia. È partito Lorenzo "Il Magnifico" Insigne, figlio della città, il capitano, per dieci anni bandiera del club e campione d'Europa con l'Italia di Roberto Mancini. È partito Kalidou Koulibaly, il K2, l'iconica montagna difensiva che con un gol allo Stadium juventino ha avvicinato uno scudetto solo sfiorato; a suo modo anche lui figlio della città, perché scendeva nelle strade per soccorrere i bisognosi. Ha fatto del bene anche al Napoli. Andandosene al Chelsea ha lasciato nelle casse del club 38 milioni. È partito Dries Mertens, figlio della città più di tutti gli stranieri mai capitati a Napoli, tanto da essere ribattezzato Ciro e percepito come uno scugnizzo dei quartieri spagnoli. Ma soprattutto il miglior bomber nella storia del Napoli: 148 gol in 397 partite, 33 in più di Maradona. Ceduti in un colpo solo una montagna, una bandiera e il re del gol. Smontata una colonna portante per reparto: come fa a restare in piedi il Napoli? Con quali sostegni di fortuna sono stati sostituiti?

In difesa è arrivato il carneade coreano Kim Minjae, grosso e leggermente ingobbito, come i mostri dei cartoni animati, dalla corsa macchinosa, lontana dall'incedere elegante di un Ruud Krol, per capirci. Suona come un interrogativo: Kim chi? E poi, nell'immaginario calcistico italiano, non è che la Corea significhi fortuna o trionfo. Sulla fascia di Insigne è sbarcato dalla periferia d'Europa (Georgia) un ragazzo misterioso, dal nome impegnativo come un codice fiscale: Khvicha Kvaratskhelia. In panchina, per sostituire i gol alternativi che assicurava Ciro Mertens, sono arrivati Giovanni Si-

In estate erano partite tre colonne azzurre: Insigne, Mertens e Koulibaly. I tifosi erano perplessi ma ha avuto ragione De Laurentiis

KVARATSKHELIA ESULTA DOPO AVER SEGNATO LA RETE DEL MOMENTANEO 1-1 NELLA PRIMA SFIDA DI CAMPIONATO TRA NAPOLI E HELLAS VERONA

meone (Verona) e il giovane Giacomino Raspadori (Sassuolo).

Insomma, ai napoletani spalmati al mare il gol ferragostano del veronese Lasagna sembra la cosa più logica del mondo. Ma fanno appena in tempo a pensarlo perché, sette minuti più tardi, il ragazzo misterioso che suona come un codice fiscale, pareggia. E poi piovono nella rete scaligera altri quattro palloni. Una *manita* indelicata sul bel viso di Giulietta. Cinque gavettoni in un Ferragosto che di colpo si riempie di allegria napoletana.

Il ragazzo georgiano ne segna un paio anche nella giornata successiva, al San Paolo, contro il Monza. Napoli impara subito ad amarlo e a semplificarlo: Kvara. Segna anche il difensore coreano che comincia la sua rapida metamorfosi: da "Kim chi?" a "però, Kim...". I due neo-acquisti si ripetono in coppia alla quinta giornata, nel primo scontro diretto del campionato, contro la Lazio dell'ex amico Sarri, quando ribaltano il vantaggio di Zaccagni. Il Napoli ha un nuovo K2: Kvara-Kim. E alla sesta giornata, grazie a un gol di Raspadori, allo Spezia, sui titoli di coda, sale in vetta con Milan e Atalanta.

LA FELICITÀ DI SIMEONE DOPO IL GOL CHE HA DECISO
LA SFIDA D'ANDATA A SAN SIRO CONTRO IL MILAN

Nel turno successivo, Luciano Spalletti fa rotolare il Diavolo giù dalla montagna, espugnando San Siro grazie a un gol del Cholito Simeone. Un saccheggio di fondamentale importanza per la presa di coscienza e per la crescita in autostima e personalità del nuovo Napoli che, alla nona giornata, con la goleada di Cremona (4-1), prende il comando solitario e non lo mollerà più fino alla fine.
Prima ancora che il campionato abbia sgranato le dieci giornate iniziali, è già chiaro a tutti il clamoroso abbaglio estivo: quella che era sembrata una campagna di smobilitazione, è stata in realtà una campagna di rafforzamento. Consapevole o meno. Merito primo al presidente De Laurentiis, che ha avuto il coraggio di impugnarla, e al direttore sportivo Cristiano Giuntoli, che ha avuto la lucidità visionaria di realizzarla.
Prima ancora della decima giornata, è già chiaro che Kim e Kvara sono stati una pesca miracolosa. Il colosso coreano, di anticipo in anticipo, si dimostrerà semplicemente il miglior difensore del campionato. Imbattibile in cielo, insuperabile nei corpo a corpo. Ogni volta che sradica il pallone dai piedi di un attaccante e salpa verso il centrocampo, il Maradona, esaltato dalla sua combattività, si mette a scandire: "Kim! Kim! Kim!". L'ex interrogativo è diventato esclamativo, la domanda scettica si è trasformata in un salmo trionfale. E, a dispetto del suo incedere mostruoso, Kim ha una proprietà tecnica e una sicurezza nel palleggio basso superiore a quella di Koulibaly.

Le galoppate straripanti del georgiano, miscela di tecnica e potenza, sono urla di libertà, come lo erano quelle di Best, Meroni e Cruijff. Quasi un inno dei nostri tempi, segnati da lunghe emigrazioni

Con cinque gol nelle prime otto giornate, ma soprattutto con la sua corsa inarrestabile, Kvaratskhelia ha folgorato Napoli e il resto d'Italia e ha confermato, anzi esasperato, la prima impressione prendendosi la copertina del campionato. Le galoppate straripanti del georgiano, miscela di tecnica e potenza, sono urla di libertà, come lo erano quelle di Best, Meroni e Cruijff, quasi un inno dei nostri tempi, segnati da lunghe emigrazioni. Il gol all'Atalanta, con finta e controfinta, resta uno dei più felici spot dello scudetto.
Kim, Kvara e i gol pesanti di Raspadori e Simeone. Già prima della decima giornata è chiaro che i gioielli di famiglia sono stati barattati con metalli non meno preziosi, a dispetto dei mugugni estivi. Ed è già chiaro che Spalletti ha a disposizione un Napoli forte, ma anche largo. Tre dei quattro gol di Cremona sono arrivati da panchinari: Olivera, Lozano, Simeone. Pioli, ad esempio, infreddolito dalla coperta corta, specie in attacco, è condannato all'invidia.

OSIMHEN SI TOGLIE LA MASCHERA DOPO AVER SEGNATO LA RETE DEL 4-1 CONTRO LA JUVENTUS: IL MARADONA ESPLODE DI GIOIA

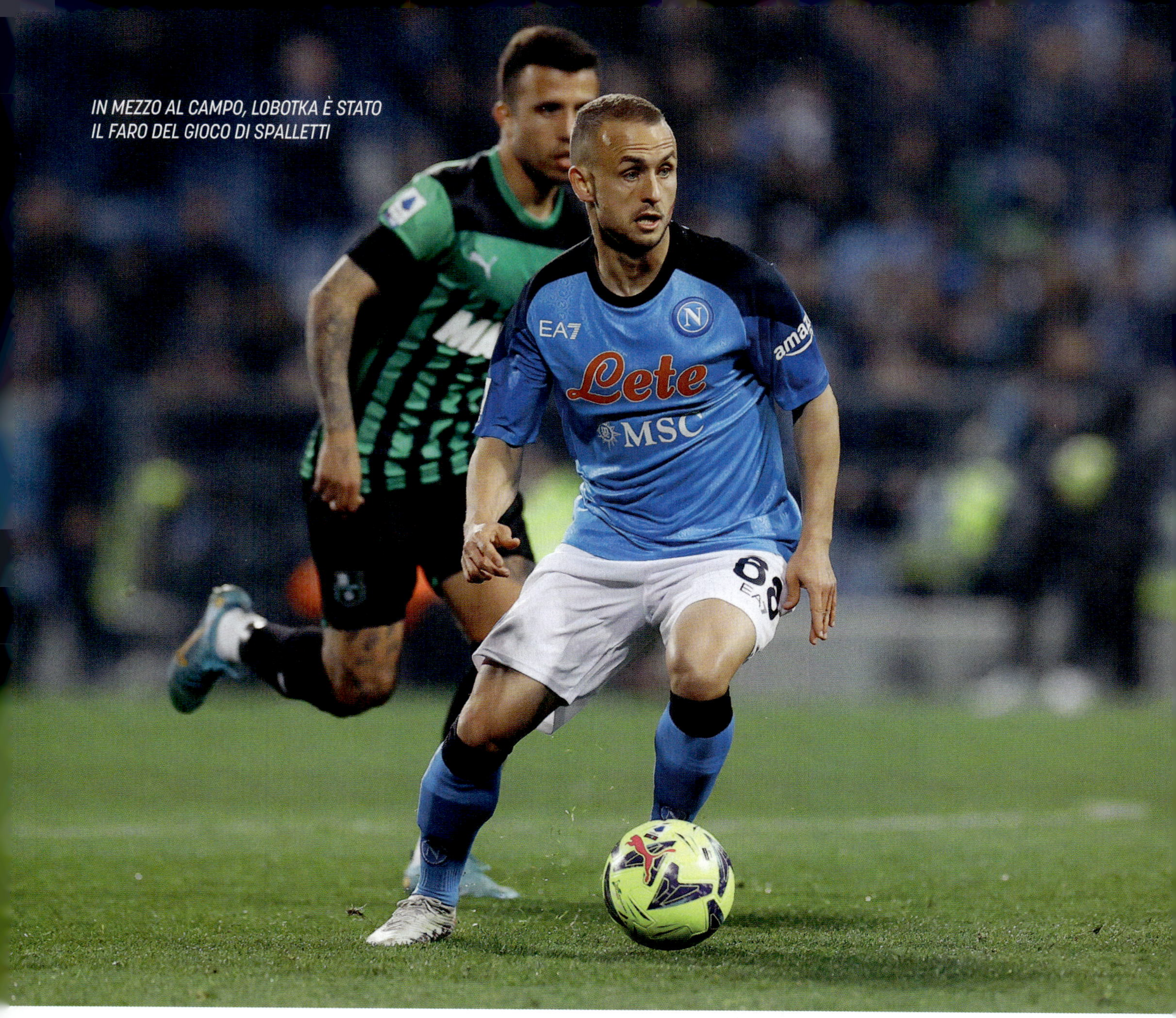

IN MEZZO AL CAMPO, LOBOTKA È STATO IL FARO DEL GIOCO DI SPALLETTI

Una sgasata di undici vittorie consecutive porta il Napoli alla sosta mondiale di novembre-dicembre con 8 punti di vantaggio sul Milan secondo. Chi avrebbe potuto immaginarlo a Ferragosto, dopo il gol di Lasagna? Solo una vittima dell'insolazione.

Alla ripresa del campionato, il Napoli cade per la prima volta, a San Siro contro l'Inter, 4 gennaio. E qui dobbiamo fermarci a parlare dei meriti di Luciano Spalletti che sono tanti. Uno è questo: spazzola via la prima sconfitta dalle spalle del Napoli che, due partite dopo ne fa 5 alla Juve, e mette in fila altre 8 vittorie. Quando, alla 25ª giornata, il Napoli cade per la seconda volta, in casa con la Lazio, ha ormai 15 punti di vantaggio e lo scudetto in tasca. Quindi: perfetta gestione del primo momento critico. Perfetta anche la strategia di preparazione atletica. In una stagione anomala, spezzata dalla lunga sosta mondiale, Spalletti ha messo a frutto l'esperienza nel campionato russo, interrotto dal lungo inverno, e ha messo in campo un Napoli da corsa per tutta la stagione, anche in coppa, a differenza della concorrenza che, prima o poi, ha patito una crisi. Clamorosa quella del Milan post-Mondiale. E poi il gioco, altra medaglia al petto del comandante di Certaldo.

Da buon contadino toscano, in un'annata di gra-

DI LORENZO FESTEGGIA DOPO IL GOL ALLA SALERNITANA. PER IL CAPITANO E MARIO RUI UNA STAGIONE FANTASTICA

zia, ha vendemmiato i principi ben coltivati in una lunga carriera. Da buon contadino, sa quanta cura ci vuole per far crescere bene una pianta. Stanislav Lobotka e Victor Osimhen sono stati i suoi capolavori. Lo slovacco, che era finito all'ombra di Demme, è diventato l'anima della costruzione. La sicurezza con cui si libera dal primo pressing ha aiutato l'uscita bassa, la vera arma letale del Napoli, perché crea superiorità e consente agli attaccanti di volare negli spazi. E poi velocità di circolazione e di pensiero verticale. A Osimhen ha insegnato a disciplinare il movimento istintivo, a sfruttarlo per allargare le difese e per connettersi con i compagni; lo ha raffinato tecnicamente e lo ha portato per la prima volta oltre i 20 gol. Il bomber mascherato, che piace a mezzo mondo, divide la copertina scudetto con Kvara.

Lobotka, che era finito all'ombra di Demme, è diventato l'anima della costruzione

Spalletti è riuscito a ottenere dai suoi ragazzi un'etica del lavoro che la concorrenza non ha saputo rispettare

Spalletti ha migliorato tutti grazie all'idea collettiva e al copione individuale, ritoccato ad arte, vedi Mario Rui, che ha giocato la sua stagione migliore, ritrovandosi spesso all'interno del campo con funzione di mezz'ala. Ma il vero capolavoro di Luciano Spalletti è stato etico.

Il baratro che il Napoli ha scavato in classifica non corrisponde alla differenza di valori della rosa. Le sconfitte con Inter, Lazio e Milan lo hanno dimostrato. Perché allora un dominio così clamoroso? Perché Spalletti è riuscito a ottenere dai suoi ragazzi un'etica del lavoro che la concorrenza non ha saputo rispettare. Inter, Milan e Juve sono state vittime di troppi cali di tensione. Inzaghi, quanto a sconfitte è andato in doppia cifra, perdendo anche con Empoli e Spezia; Pioli ne ha presi 5 in casa dal Sassuolo; Allegri non ha fatto un punto col Monza. Spalletti ha ottenuto un'applicazione maniacale alla catena di montaggio dello scudetto. Neppure una pausa caffè. Neppure con 15 punti di vantaggio. A Torino, sul 4-0, il Napoli attaccava ancora i granata.

Uno stakanovismo favorito da due fattori. Primo: il bel gioco diverte anche chi lo pratica. I ragazzi di Spalletti hanno sempre dato l'impressione di correre come studenti in cortile durante la ricreazione. Secondo: la fame portata dai nuovi che chi è partito non aveva più. A Insigne, assuefatto alle sconfitte, bastava fare qualche buona partita ogni tanto per sentirsi il Reuccio di Napoli. Osimhen e Kvara pretendono la gloria, subito, in Italia e in Europa. E si sbattono per diventarlo, senza imporre i gradi a nessuno. Lo spogliatoio è tornato una tavola rotonda senza mammasantissima. Ancelotti, che da quello spogliatoio c'è passato, l'ha notato subito: "Sono cambiate le gerarchie".
Il Napoli ha vinto anche grazie a questo nuovo spirito di fabbrica, senza i privilegi di colletti bianchi. Ora tutti corrono, tutti difendono.
Questo scudetto ha stracciato gli stereotipi. La mistica del lavoro sta a Nord, al Sud invece: sole, mare, chitarra e mandolino. In questo campionato, i grandi lavoratori stavano al Sud e gli sperperatori di talento al Nord. Per questo è riuscita la rivoluzione e, dopo 22 anni, non ha vinto una squadra di Milano o di Torino.

SPALLETTI APPLAUDE I TIFOSI
CHE HANNO SEGUITO LA SQUADRA FINO A UDINE
PER FESTEGGIARE INSIEME AI GIOCATORI
LA CONQUISTA DELLO SCUDETTO

PIAZZA DEL PLEBISCITO È IN FESTA: IL NAPOLI È CAMPIONE D'ITALIA

LUCIANO SPALLETTI, 64 ANNI, TOSCANO DI CERTALDO

Il capolavoro di Spalletti

L'ALLENATORE DEGLI AZZURRI È RIUSCITO A CONQUISTARE IL PRIMO SCUDETTO ALLA GUIDA DI UN NAPOLI CHE HA PLASMATO A SUA IMMAGINE E SOMIGLIANZA, RENDENDOLO BELLISSIMO E VINCENTE

di **Sebastiano Vernazza**

Uno scudetto diverso, slegato da fenomeni paranormali. Nel 1987 e nel 1990 il Napoli vinse perché aveva Diego Maradona e tanto bastava per mettere punti tra sé e le altre. Non molti, per la verità: nel 1987, in un campionato a 16 squadre e con la vittoria a due punti, il Napoli sopravanzò di tre gradini la Juve seconda, 42 a 39. Nel 1990, in una Serie A cresciuta a 18, ma sempre con i due punti per successo, il Napoli si prese il titolo con un più due sul Milan di Sacchi, 51 a 49. Il terzo scudetto, in un torneo a 20 e con i tre punti a vittoria, è arrivato con un vantaggio ampio. Per quanto bravi, né Osimhen – in azzurro dal 2020 – né Kvaratskhelia sono Maradona, imparagonabile e inavvicinabile per chiunque, escluso Messi. Il grande protagonista del Napoli 2023, l'elemento di vera differenza, è stato il gioco architettato da Luciano Spalletti. Più di Osimhen e più di Kvaratskhelia, Spalletti è stato (è) l'equivalente di Maradona negli anni Ottanta. Il numero 10 in panchina, l'architetto dello scudetto.

Spalletti ha vinto il suo primo campionato italiano a 64 anni, un'età in cui di solito si tracciano bilanci e si organizzano i piani per la pensione. Lo scudetto della maturità, dell'esperienza. Lo scudetto di una vita professionale trascorsa a studiare, sperimentare, innovare. Non si può dire che sia un successo figlio del caso, di un favorevole incrocio astrologico. Spalletti questo scudetto se l'è costruito pezzo per pezzo, in quasi trent'anni di lavoro duro. Ha cominciato a 35 anni nella primavera del 1994 all'Empoli. Si è "laureato" a Coverciano con una tesi sul 3-5-2, sistema che ha praticato poco, forse un omaggio a Gian Piero Ventura, che lo aveva allenato all'Entella e allo Spezia, in Serie C, quando Spalletti portava i capelli lunghi e scavallava avanti e indietro, mediano di lotta e di inserimenti, con un riferimento alto: "Come modello avevo Antognoni, ma mi mancava la sua qualità".

Spalletti ha attraversato deserti, scalato montagne, ha vinto coppe in Italia con la Roma e campionati in Russia con lo Zenit. Si è ritrovato solo contro tutti e contro Totti, in una disputa teologica. A Roma si è ribellato al luogocomunismo dell'intoccabilità del Totti quarantenne, l'ha "panchina-

Spalletti si è preso il proprio tempo, neppure troppo. Si è fatto bastare la seconda stagione e ha dimostrato come un gruppo possa sopravvivere a cessioni o addii eccellenti

KVARA E COMPAGNI IMPEGNATI IN ALLENAMENTO SEGUONO LE DIRETTIVE DEL LORO TECNICO LUCIANO SPALLETTI

to" e si è messo contro milioni di persone convinte che il Capitano dovesse giocare sempre titolare a prescindere dall'età e dai parametri fisico-atletici. Non ha avuto paura della solitudine estrema di chi rema controcorrente. Non l'ha avuta neppure a Napoli un anno fa, quando a migliaia lo discutevano e premevano perché se ne andasse, nonostante il terzo posto e il ritorno in Champions League. Napoli voleva tutto e subito, ma una squadra scudetto non si costruisce né in un giorno né in un anno. Spalletti si è preso il proprio tempo, neppure troppo. Si è fatto bastare la seconda stagione e ha dimostrato come un gruppo possa sopravvivere a cessioni o addii eccellenti. Sembrava che senza Insigne, Koulibaly, Mertens e Fabian Ruiz il destino obbligato fosse una normalità al ribasso. Spalletti ha strapazzato il pessimismo, sovvertito i pronostici che definivano il Napoli imbottigliato ai margini del quarto posto.

Spalletti ha smentito i catastrofisti con l'assemblaggio. Il Napoli campione contiene vari principi e linee di gioco. Un puzzle di idee, pescate qua e là e rielaborate in maniera originale. La costruzione dal basso – con lo scivolamento di Lobotka tra i due centrali difesivi e con i terzini avanzanti – non

SPALLETTI ABBRACCIA LOBOTKA. IL TECNICO TOSCANO IN QUESTA STAGIONE È RIUSCITO A TIRARE FUORI IL MEGLIO DAL NAZIONALE SLOVACCO, METTENDOLO AL CENTRO DEL GIOCO DEL NAPOLI

è esasperata, si fa quando ci sono le condizioni per praticarla senza rischi fatali. Se il pressing degli avversari è soffocante, si va a caccia della verticalità pro Osimhen in maniera più diretta. Una fonte primaria di azioni sono le risalite di campo con i triangoli interno-fascia, combinazioni che di frequente sfociano in scambi di posizione. Di Lorenzo, l'esterno basso di destra, si accentra e si trasforma di fatto in una mezzapunta. La bivalenza o doppiezza del sistema è assicurata da Zielinski, uomo chiave perché con il suo movimento a virgola, da interno sinistro a trequartista, trasforma il 4-3-3 in 4-2-3-1. Zielinski è la fisarmonica dell'orchestra. Kvaratskhelia e Osimhen sono diventati gli uomini copertina della squadra perché Spalletti ha saputo sfruttare l'abilità tecnica e la velocità del georgiano e la potenza del nigeriano. Sia Kvara sia Osimhen si nutrono di spazi da riempire e queste distese il Napoli le crea per esempio con la riconquista rapida del pallone perduto, attraverso pressioni che generano ripartenze "alte" micidiali. Il Napoli ha una risposta per ogni evento contrario e sommerge di domande e di dubbi chi gli sta davanti. Nessuno è perfetto e non mancano i punti critici, di vulnerabilità. Per quello che si è visto, il Napoli è andato in difficoltà quando Stanislav Lobotka è stato imbavagliato. Il palleggio e la visione dello slovacco sono fondamentali, orientano la squadra, le permettono di dislocarsi e distendersi. Lobotka, al Napoli dal gennaio del 2020, fino all'arrivo di Spalletti latitava ai margini del branco, con funzioni di centrocampista supplente. Spalletti lo ha riprogrammato e Lobotka è diventato il suo capolavoro tecnico-tattico. Nulla di casuale,

Lobotka, al Napoli dal gennaio del 2020, fino all'arrivo di Spalletti latitava ai margini del branco, con funzioni di centrocampista supplente. Spalletti lo ha riprogrammato e lo slovacco rappresenta oggi la sua miglior intuizione tecnico-tattica

l'allenatore neo-campione è specializzato nella rigenerazione di centrocampisti. All'Udinese aveva completato l'evoluzione di David Pizarro, cileno arrivato in Italia con la fama di trequartista talentuoso e individualista. L'inglese Roy Hodgson era stato il primo a vedere in lui le potenzialità del regista. Spalletti, tra Udinese e Roma, ne ha completato la riconversione in regista catalizzatore di palloni e tessitore di passaggi. Qualcosa di simile aveva replicato all'Inter con Marcelo Brozovic. Il croato era un interno di corsa e di lotta, Spalletti ha colto in Brozovic la precisione e il senso dei tempi del regista e come tale lo ha riprogrammato, con esiti notevoli. Non solo tattica e strategia, nel calcio spallettiano un altro fattore imprescindibile è la forza. Le sue squadre impastano tecnica e fisicità, sono mosaici variegati. Questo Napoli è la sua opera migliore.

Toscano di terra, Spalletti rivendica le sue radici contadine: "Io non sono nato in Toscana – ha detto –, sono voluto nascere in Toscana. Ho le gambe storte di chi fa sali e scendi su un terreno irregolare. Ho le mani di uno che ama stare in campagna, potare le piante, dare da mangiare agli animali". Possiede due tenute nei dintorni di Empoli, una a Montaione e un'altra a Montespertoli. La prima si chiama La Rimessa ed ospita turisti e viaggiatori: "Il progetto La Rimessa nasce dal desiderio di vivere in un luogo esclusivo della Toscana. La Rimessa vuole regalare un'esperienza, un ritorno a emozioni dimenticate tra natura e animali. Per quella che è la nostra filosofia, una persona può diventare padrona di un pezzo di terra su questo pianeta, ma non potrà mai esserlo della bellezza che sta sopra. Essa appartiene alla natura e noi dobbiamo averne cura e condividerla con gli altri. Trovo molte analogie tra allenare e produrre vino. Sono attività che mi permettono di lavorare all'aria aperta, di creare strategie, contenuti, e cercare soluzioni. Poi ci sono i risultati: sia una vittoria importante sia la produzione di un ottimo vino mi danno grandissima soddisfazione. Se dovessi paragonare il mio vino a un calciatore, questi sarebbe Daniele De Rossi, carattere e intensità per trovare l'armonia adatta". Così filosofeggiava Spalletti qualche anno fa, forse oggi aggiornerebbe il paragone, ma il fatto che abbia accostato Daniele De Rossi, pilastro della Roma spallettiana, alle sue migliori bottiglie è l'ulteriore prova della predilezione per i centrocampisti di personalità, mai in fuga dalla palla o dal contrasto, come Lobotka nel suo Napoli. "Non è nelle stelle che è conservato il nostro destino, ma in noi stessi – ama ripetere l'allenatore –. Uomini forti destini forti, uomini deboli destini deboli: non c'è altra strada". La frase non è sua, ma è tratta dal "Giulio Cesare" di Shakespeare. Un allenatore con buon gusto per le citazioni.

Non solo tattica e strategia, nel calcio spallettiano un altro fattore imprescindibile è la forza. Le sue squadre impastano tecnica e fisicità, sono mosaici variegati. Questo Napoli è la sua opera migliore

Spalletti ha vissuto sempre con un piede nel futuro, mosso dall'inquietudine dell'esploratore. Da giovane trasportava e montava mobili assieme al fratello Marcello. Saliva e scendeva dal furgone del mobilificio Trio, poi andava ad allenarsi e

L'ALLENATORE DEL NAPOLI SI COMPLIMENTA CON KVARATSKHELIA. ACQUISTATO PER RIMPIAZZARE INSIGNE, IL GEORGIANO SOTTO LA GUIDA DI SPALLETTI È STATO UNO DEI PROTAGONISTI DELLO SCUDETTO

IL PRESIDENTE DE LAURENTIIS, A SINISTRA, HA CHIAMATO SPALLETTI A GUIDARE IL NAPOLI NELL'ESTATE DEL 2021. E ALLA SECONDA STAGIONE È STATO RIPAGATO CON UNO SCUDETTO STORICO

Spalletti è andato oltre la missione, non era previsto che il Napoli (ri)vincesse lo scudetto così in fretta. A Castel Volturno, dove ha sede il centro d'allenamento, ha imposto la cultura del lavoro e da mesi lui stesso ha scelto di vivere in una stanza del Konami Training Center

la domenica giocava. A furia di sgobbare tra arredamenti e partite, si era comprato l'azienda. A 64 anni gli orizzonti sono più ristretti, come è naturale che sia, ma non è ancora tempo di fermarsi, casomai di impegnarsi per nuovi obiettivi. Lo scudetto non è un punto di arrivo, ma uno striscione di ripartenza. E non bisogna dimenticare il porto da cui Spalletti è salpato come allenatore del Napoli: "Quando ho conosciuto il presidente – aveva spiegato nell'estate del 2022 –, De Laurentiis mi ha spiegato il suo futuro percorso. Mi è stato prospettato un Napoli di transizione con un occhio ai conti: ringiovanire la rosa, riportare la squadra in Champions e farla rifunzionare". Spalletti è andato oltre la missione, non era previsto che il Napoli (ri) vincesse lo scudetto così in fretta. A Castel Volturno, dove ha sede il centro d'allenamento, ha imposto la cultura del lavoro e da mesi lui stesso ha

DA BUON TOSCANO, L'ALLENATORE DEL NAPOLI ANCHE DURANTE LE CONFERENZE STAMPA HA MOSTRATO TUTTO IL SUO CARATTERE

Lo scudetto non è un punto di arrivo, ma uno striscione di ripartenza

scelto di vivere in una stanza del Konami Training Center, così si chiama la struttura dove la squadra si prepara giorno per giorno. Spalletti è immerso in un ritiro personale e continuo, sul litorale a nord di Napoli, lontano dai rumori e dagli eccessi della città. Una scelta consapevole, forse legata ai problemi che c'erano stati nella sua prima annata a Napoli, quando risiedeva in un albergo con vista sul Golfo e gli rubarono la Panda usata per gli spostamenti. Un auto-isolamento produttivo, finalizzato all'obiettivo. Napoli sa essere tentacolare, negli anni Ottanta i suoi bassi e i suoi vicoli fagocitarono Maradona e lo consumarono. Spalletti non avrebbe corso gli stessi rischi, nessuna similitudine è possibile tra Spalletti e Maradona, uomini troppo diversi. L'unico filo che li lega è lo scudetto. Maradona aveva provveduto ai primi due titoli italiani, Spalletti si è fatto carico del terzo. Vincere a Napoli non è mai facile, non basta essere bravi sul campo, bisogna domare gli slanci, le ribellioni e le storture dell'ambiente. Troppa umanità, nel bene e nel male. Spalletti l'ha incanalata e imbottigliata, come il vino delle sue tenute.

UDINESE
macron

SPALLETTI SI COMPLIMENTA CON OSIMHEN DOPO
LA VITTORIA AL MARADONA CONTRO L'UDINESE

UN ABBRACCIO TRA KVARATSKHELIA E OSIMHEN

Un attacco stellare

CON I LORO GOL, GLI ASSIST E LE GIOCATE IMPREVEDIBILI, OSIMHEN E KVARATSKHELIA HANNO DATO VITA A UNO SPETTACOLO DA SOGNO. SONO I VOLTI PIÙ ICONICI DELLO SCUDETTO DEL NAPOLI

di **Maurizio Nicita**

Cinque minuti: tanti ne sono bastati a Khvicha e Victor per intendersi e costruire il loro primo gol. Il 17 luglio 2022 in Val di Sole, Trentino, il Napoli gioca un'amichevole per testare la squadra. Per la prima volta Luciano Spalletti decide di far giocare insieme il neoacquisto Kvaratskhelia con il centravanti Osimhen: avversario il Perugia di Fabrizio Castori, squadra di Serie B. Dopo soli 5' ecco Kvara partire in progressione accentrandosi, chiede triangolo a Osimhen, che con un tocco di prima chiude il passaggio, controllo di coscia del georgiano e diagonale secco di destro: gol. I due esultano e si abbracciano come fossero bimbi che giocano per strada. Ed è questo quello che colpisce di più. Di solito in questi casi quasi ci si contiene, un po' per prassi, un po' perché non siamo in gare ufficiali. Invece un georgiano e un nigeriano si stringono ed è come se fra di loro nascesse un patto di inscindibilità: quel giorno in una valle verde trentina prende corpo la coppia d'attacco più bella della stagione e nessuno può ancora saperlo. Non lo sanno i tifosi, che pensano a quello che si sono persi con le partenze di Dries Mertens e Lorenzo Insigne. Non lo sa nemmeno Spalletti, che su quel progetto lavora ma è ancora in embrione. Eh sì, perché in quel giorno di luglio l'altra certezza è la partenza di Kalidou Koulibaly (Kim Min-jae non è stato ancora ingaggiato) e, restando all'attacco, Giovanni Simeone e Giacomo Raspadori arriveranno a campionato iniziato. Forse chi ha capito che sta nascendo qualcosa di straordinario sono proprio loro, Khvicha e Victor, abbracciati come fratelli quando per natali, storie e cammino appaiono agli antipodi. Li aiuta la comune conoscenza dell'inglese, ma soprattutto parlano lo stesso linguaggio in campo, quello di chi sa sfruttare l'istinto e i doni che Madre Natura ha dato loro: uno corre con la palla attaccata al piede e vede spazi che i comuni mortali ignorano; l'altro ha velocità e potenza eccezionali. Insieme iniziano un cammino esaltante. Nulla è impossibile.

A Ferragosto c'è il debutto in campionato e i gemelli diversi fanno subito clamore: gol e assist per entrambi. Esordio al Maradona e goleada anche con il Monza, con il georgiano (doppietta) e il nigeriano ancora in gol. Il primo turno infrasettimanale, in

Un georgiano e un nigeriano si stringono ed è come se fra di loro nascesse un patto di inscindibilità: quel giorno in una valle verde trentina prende corpo la coppia d'attacco più bella della stagione

OSIMHEN FESTEGGIA INSIEME A KVARATSKHELIA IL PRIMO GOL DEL GEORGIANO IN SERIE A, ARRIVATO NELLA SUA PARTITA D'ESORDIO CONTRO L'HELLAS VERONA

agosto, impone a Spalletti cambi che ancora non possono funzionare, con pochi allenamenti alle spalle. Risultato: dopo quattro giornate il Napoli si ritrova a 8 punti, al quarto posto in classifica con Lazio e Milan, e soprattutto con un calendario davanti che mette più dubbi che certezze. Si riflette sull'effettivo peso del nuovo attacco: va bene contro le piccole, ma con le grandi funzionerà? Le risposte non possono tardare visto che nel giro di pochi giorni il Napoli deve far visita a Lazio e Milan, con in mezzo i primi due impegni di Champions contro Liverpool e Rangers in Scozia.

Un passo indietro in Val di Sole, nel giorno della presentazione al georgiano viene chiesto che ne pensa di un nomignolo col quale lo hanno battezzato alcuni tifosi sognatori: Kvaradona. Khvicha annuisce, gli piace e accetta la sfida. Sta imparando a conoscere cosa sia Maradona per Napoli e sa quanto "pesi" quel nome, ma non ha paura di porsi grandi obiettivi. La sua non è presunzione: solo grande fame di diventare protagonista nella città che vive di calcio e ha voglia di esserlo anche nella grande vetrina europea. E KK77 – quel numero lo ha scelto per Cristiano Ronaldo e non essendoci libe-

TUTTA LA GRINTA DI SIMEONE DOPO LA RETE
MESSA A SEGNO CONTRO LA CREMONESE

ro il 7 ha raddoppiato – comincia a brillare. Proprio la partita con la Lazio segna la svolta nella stagione del Napoli. Perché contro la squadra di Sarri gli azzurri vanno subito sotto di un gol e soffrono sul piano del gioco. Kvara prende la squadra per mano e dà la scossa: sulla trequarti finta contro finta, "ruleta" e tiro di destro che colpisce il palo. Favoloso! Sfiora il gol ed è la scossa di cui ha bisogno la squadra. Di lì a poco arriva il pari e nella ripresa sarà ancora il georgiano a decidere con un gran tiro. Che sia quella dell'Olimpico romano la partita della svolta lo dicono anche i risultati successivi: undici vittorie consecutive in campionato. Solo la sosta per il Mondiale fermerà la corsa degli azzurri, che anche in Europa stupiscono.

E qui si apre un altro discorso, perché contro il Liverpool mentre la strana coppia sta facendo impazzire i vicecampioni d'Europa, Victor Osimhen si fa male, uno stiramento al bicipite femorale lo mette fuori per oltre un mese. Kvara cosa farà senza il gemello diverso? Gli altri saranno all'altezza? Le risposte arrivano in una sequenza impressionante, perché l'orchestra del Maestro Spalletti comincia a funzionare alla perfezione. E qui si vede l'ottimo lavoro impostato dal direttore sportivo Cristiano Giuntoli con lo staff di mercato. Perché Simeone si dimostra il centravanti "alternativo" ideale – in gol al primo pallone in assoluto toccato in Champions – e Raspadori l'attaccante del futuro, e anche del presente, per la capacità tattica di adattarsi alle situazioni più diverse. I due, alternandosi al centro dell'attacco azzurro, si esaltano in Champions e soprattutto in campionato. Perché delle quattro

Simeone si dimostra il centravanti "alternativo" ideale – in gol al primo pallone in assoluto toccato in Champions – e Raspadori l'attaccante del futuro, e anche del presente, per la capacità tattica di adattarsi alle situazioni più diverse

partite in cui manca Osimhen, Jack risolve quella con lo Spezia da opportunista nel finale e soprattutto il Cholito, entrando in corsa, segna e porta due vittorie importantissime, fondamentali per la stagione. La prima a San Siro, una delle partite più belle del campionato contro i campioni d'Italia: nonostante un Kvara stratosferico si rimane sull'1-1 e un colpo di testa dell'argentino fa la differenza. Che gioia anche per papà Cholo vedere il figlio decisivo nello stadio che lo vide protagonista con l'Inter, per giunta segnando ai rivali rossoneri. Quella vittoria sul Milan sbatte in faccia a tutti la nuova realtà: il Napoli stacca i campioni d'Italia in classifica e non lascerà più la vetta, con una cavalcata favolosa. La seconda perla del centravanti sudamericano a Cremona, in una partita scorbu-

UNA DELLE PERLE DI QUESTO CAMPIONATO DI OSIMHEN: IL DIAGONALE DI DESTRO CON CUI HA AFFONDATO LA ROMA

tica bloccata sull'1-1: sale in cielo e ancora di testa segna proprio sotto la curva che ospita i tifosi azzurri. L'esultanza è di quelle indimenticabili. Quel 9 ottobre, con l'Atalanta fermata a Udine, il Napoli resta da solo in testa e comincia la grande fuga, con le inseguitrici che resteranno scoraggiate dalla eccezionale regolarità della "Banda Spalletti" e del suo attacco fenomenale, il migliore in assoluto.

Parentesi ancora su Cremona. In questa fase iniziale, già entusiasmante, della stagione, Spalletti qualche volta ha bacchettato Kvaratskhelia, accusandolo di egoismo: in quella serata da capolista solitaria il tecnico abbraccia il suo gioiello che ha servito un assist, solo davanti al portiere, per Hirving Lozano, che si sblocca segnando il suo primo gol in un finale da goleada. Ora è pronto al rientro Osimhen e qualcuno maldestramente si chiede se troverà spazio in questo attacco strepitoso. La risposta del nigeriano è forte e chiara: nelle sei partite che restano prima della sosta trascina la squadra con sette gol, diventa capocannoniere e realizza delle perle di rara bellezza. Come il diagonale da posizione impossibile, potente e preciso, con il quale affonda la Roma all'Olimpico (grazie anche allo splendido lancio di Matteo Politano). Poi l'intera prestazione con l'Atalanta a Bergamo: prima provoca un rigore con un fallo di mano in area, poi ribalta la partita da solo, con un colpo di testa stratosferico e una corsa a perdifiato e sportellate terminata con l'assist servito ad Elmas. A proposito del macedo-

VOLA E NON SI FERMA PIÙ. OSIMHEN DI TESTA SEGNA IL GOL DEL PAREGGIO E POI FA L'ASSIST PER IL 2-1 DEFINITIVO DI ELMAS NELLA SFIDA CONTRO L'ATALANTA

ne: non è un attaccante di ruolo, ma con l'infortunio di Kvara a Liverpool (bloccato alla schiena) Eljif prende il posto del georgiano e segna reti decisive a Bergamo e poi con l'Udinese.
Quando in gennaio riprende il campionato sono tante le incognite e la sconfitta contro l'Inter a San Siro apre speranze per le inseguitrici milanesi. Si comincia a far calcoli, tabelle per la rimonta, i soliti esperti dissertano sui cali delle squadre di Luciano Spalletti. Le risposte arrivano dal campo, inconfutabili per qualità di prestazioni e superiorità di organizzazione. Dopo quel passo falso il Napoli dà lo strappo definitivo al campionato: un filotto di altri otto successi consecutivi urla a tutti che c'è una dominatrice indiscussa del campionato. Otto successi tutti marchiati Osimhen, che segna in ogni

Otto successi tutti marchiati Osimhen, che segna in ogni gara in un crescendo incredibile. E rieccoli i gemelli diversi a dare spettacolo. Con la Juve mandano in visibilio il Maradona

> **Se l'esplosione definitiva di Osimhen era attesa, quella di Kvara è stata una enorme sorpresa. È l'uomo che con le sue giocate ha ridato la gioia ai napoletani di andare allo stadio per assistere a qualcosa di straordinario**

gara in un crescendo incredibile. E rieccoli i gemelli diversi a dare spettacolo. Con la Juve mandano in visibilio il Maradona: giocate di alto livello, gol e assist scambiati fra Victor e Khvicha. Clamoroso il 5-1 finale sulla squadra di Allegri, ricacciata a 10 punti di distacco. Poi a La Spezia scene da libro Cuore, con Kvara solo davanti alla porta che lascia il gol all'amico nigeriano, ormai capocannoniere indiscusso. In mezzo – perché il Napoli è Squadra con la maiuscola – si ricava il suo spazio anche Simeone, che contro la Roma nel finale realizza un altro gol decisivo. A fine marzo, con un'altra splendida prova a Torino contro i granata, il vantaggio degli azzurri in classifica arriva a un picco di diciannove punti. E ancora a Torino il suggello, nello stadio della Juventus, la casa del tricolore: alla fine di una partita vibrante Raspadori con un gran tiro al volo decide il match. Dopo un periodo buio per infortunio ecco il Grande Jack calare la carta vincente. È l'ipoteca per uno scudetto che sboccia in primavera, mentre la città si riempie d'azzurro con murales e immagini dell'eroe mascherato Osimhen e del ciuffo impertinente di Kvara. Sono loro i grandi protagonisti coniugati in ogni modo dalla passione dei napoletani: babà, bignè, torte, uova di Pasqua, mascherine e tutto quanto diventa commerciabile. Le statuine dei due a San Gregorio Armeno diventano pezzi da collezione che finiscono anche in Georgia, come negli Stati Uniti. E se l'esplosione definitiva di Osimhen era attesa, quella di Kvara è stata una enorme sorpresa. È l'uomo che con le sue giocate ha ridato la gioia ai napoletani di andare allo stadio per assistere a qualcosa di straordinario. Come ai tempi in cui c'era Lui, Diego, il più grande. Nessun paragone, sia chiaro: Maradona ha rappresentato qualcosa di unico e irripetibile. Per questo il terzo scudetto, trentatré anni dopo, è tutta un'altra storia, che da quelle radici di passione ha saputo alimentarsi.

LA GIOIA DI KVARATSKHELIA DOPO LA RETE DEL MOMENTANEO 2-0 NELLA SFIDA DEL MARADONA CONTRO LA JUVENTUS

ANCHE RASPADORI, A SINISTRA, E POLITANO, A DESTRA, CHE ESULTA DOPO IL RIGORE MESSO A SEGNO CONTRO LA CREMONESE, SI SONO SEMPRE FATTI TROVARE PRONTI QUANDO SONO STATI CHIAMATI IN CAUSA DA SPALLETTI

Lete
MSC
21

LA STAGIONE DI LOBOTKA È STATA FENOMENALE. SPALLETTI HA AFFIDATO LE CHIAVI DELLA SQUADRA AL CENTROCAMPISTA SLOVACCO CHE È SEMPRE RIUSCITO A TESSERE TRAME DI GIOCO EFFICACI

Muscoli e geometrie

LOBOTKA, ANGUISSA E ZIELINSKI HANNO DATO VITA A UN CENTROCAMPO TRA I TOP IN EUROPA, MIXANDO SAPIENTEMENTE LE LORO QUALITÀ E METTENDOLE AL SERVIZIO DELLA SQUADRA

di **Fabio Licari**

Lobotka, chi era costui? Il Napoli se l'era assicurato dal Celta Vigo per venti milioni, nel gennaio 2020, poco prima che il virus s'impossessasse delle nostre vite mandando all'aria anche il pallone. Nessuno conosceva questo slovacco piccolo, tarchiato, a giudicare dalle apparenze anche un po' sovrappeso, e alle prese con un "rivale" che era già in vantaggio nella corsa alla maglia di play. Con la complicità di un nome che tradiva la sfacciata passione del padre per Maradona, infatti, l'altro centrocampista centrale arrivato negli stessi giorni, il tedesco Diego Demme, sembrava destinato a diventare il titolare davanti alla difesa. Sbagliato. Stanislav Lobotka, oggi 28 anni, nome che un po' evoca un Est profondo e ignoto d'altri tempi, tre anni dopo sarebbe diventato forse il miglior centrocampista centrale d'Europa, all'altezza di Kimmich, di Tchouameni, di De Jong, degli altri big, forse addirittura più forte: un regista modernissimo, la pietra angolare su cui costruire il mai così inatteso scudetto del Napoli. Assieme a Frank Anguissa, mediano-incursore con visioni da trequartista, e a Piotr Zielinski, mezzala-regista con il problema della discontinuità finalmente superato, Lobotka ha creato una mediana mai vista. Se Osimhen e Kvaratskhelia sono le immagini glamour di copertina di questo Napoli, è il centrocampo il segreto non più nascosto delle meraviglie di Luciano Spalletti. Un reparto "lungo" che non si esaurisce nei tre titolari: da Elmas a Ndombele, da Demme a Gaetano, anche le teoriche riserve hanno dato una mano importantissima, perfettamente inseriti nel progetto, disponibili, affidabili. E la grandezza della mediana è lo specchio della visionarietà con cui gli interpreti sono stati scelti oppure confermati.

Lobotka giocava in una piccola di Spagna, il Celta Vigo, e non aveva certo incantato le folle, a giudicare dal disinteresse di Real Madrid e Barcellona che non si lascerebbero sfuggire un gioiello nel giardino di casa. Intuire le sue potenzialità è stato il vero colpo. Discorso molto diverso per Anguissa. Lui era nel Fulham, in Premier League, il campionato più mediatico del mondo, ed era difficile che le sue qualità sfuggissero. Ma soltanto il Napoli,

Assieme ad Anguissa, mediano-incursore con visioni da trequartista, e a Zielinski, mezzala-regista con il problema della discontinuità finalmente superato, Lobotka ha creato una mediana mai vista

LOBOTKA, A SINISTRA, E ANGUISSA, A DESTRA, CONTRASTANO L'ARGENTINO DYBALA DURANTE LA SFIDA TRA NAPOLI E ROMA

nell'estate 2021, ha avuto il coraggio e l'intuizione di capire che il mediano camerunese, 27 anni, sarebbe diventato una delle mezzali più complete in circolazione. Merito del d.s. Cristiano Giuntoli, vero protagonista degli ultimi mercati nei quali – escluso Osimhen costato caro ma dal valore immenso – ha edificato, anno dopo anno, un Napoli "economico" che ha moltiplicato il suo valore improvvisamente.

Il terzo interprete di questo triangolo magico, Zielinski, 29 anni, non era certo da scoprire ora. Forse il più talentuoso dell'ultima generazione polacca dopo, naturalmente, il simbolo Robert Lewandowski, "il" centravanti. Ma, proprio a causa di questo talento, Zielinski è stato spesso prigioniero della sua discontinuità e forse anche della varietà tecnica che ha spinto altri tecnici a imporgli identità tattiche non sempre redditizie. Cos'è, anzi, cos'era Zielinski: un 10 moderno? Una mezzala tecnica? Un esterno dai piedi buoni? Un possibile regista avanzato? Era, ed è, tutto questo, ma aveva bisogno assoluto che la ricchezza tecnico-tattica fosse finalmente canalizzata in un ruolo nel quale sublimarsi. Spalletti ha risolto l'enigma.

Questo è stato forse il primo passo verso lo scudetto. In estate, Spalletti ha valutato i pro e i contro

ANCHE QUEST'ANNO ZIELINSKI NON
HA FATTO MANCARE IL PROPRIO APPORTO
AL CENTROCAMPO DEL NAPOLI IN TERMINI DI GOL

dei due sistemi in ballottaggio, 4-3-3 e 4-2-3-1, tra i quali aveva oscillato il Napoli nelle ultime stagioni post sarriane, e ha deciso per il tridente offensivo e il triangolo in mediana. Dando così compattezza, equilibrio, copertura. Zielinski s'è collocato sul centro sinistra, libero di esprimere corsa, geometrie, profondità. Libero di spingersi sulla linea offensiva che così diventa a quattro, spostando verso destra Osimhen quasi seconda punta centrale. Libero, infine, di affiancare Lobotka in impostazione e poi squarciare la mediana avversaria con strappi verticali.

Sia detto come complimento, e non certo per minimizzare meccanismi e movimenti di Spalletti: il triangolo Anguissa-Lobotka-Zielinski ricorda un po' Allan-Jorginho-Hamsik, la vera chiave del Napoli spettacolare di Sarri che ogni anno s'aggiudicava il premio della critica ma, al botteghino, era puntualmente superato dal blockbuster-Juventus. Un marcatore dall'agonismo esasperato (Allan). Un regista dal quale passava tutta l'impostazione bassa e che accompagnava l'azione area-area (Jorginho). Un falso 10 che a sinistra esprimeva il suo talento anarchico (Hamsik).
Il centrocampo di Spalletti sembra aver superato addirittura il predecessore sarriano per spettacolarità dei movimenti e agonismo. Il calcio s'è evoluto da allora, i ruoli sono più liquidi, le posizioni "totali", ma non si può negare che quest'anno Lobotka abbia raggiunto vertici insospettabili, e che ai suoi fianchi Anguissa e Zielinski siano andati oltre Allan e Hamsik per la concretezza che in passato a volte mancava. Succedeva che il Napoli di

In estate, Spalletti ha valutato i pro e i contro dei due sistemi in ballottaggio, 4-3-3 e 4-2-3-1, tra i quali aveva oscillato il Napoli nelle ultime stagioni post sarriane, e ha deciso per il tridente offensivo e il triangolo in mediana. Dando così compattezza, equilibrio e copertura

Sarri girasse attorno alla vittima senza affondare il morso. Questo Napoli è un predatore insaziabile e spietato.

Può darsi che Arrigo Sacchi, incantato da tanta bellezza, abbia un po' esagerato nel paragonare Lobotka a Pirlo, il più grande regista arretrato degli ultimi quindici anni con il croato Modric, ma di sicuro la stagione dello slovacco rientrerà un giorno tra quelle memorabili, come la prima di Paulo Sousa nella Juve, quelle di Falcao nella Roma di Liedholm, le ultime di Cambiasso nell'Inter di Mou. Il giocatore-squadra che moltiplica il rendimento dei singoli e del collettivo. Oggi c'è forse un solo gio-

Lete
MSC

LOBOTKA ESULTA DOPO LA RETE MESSA A SEGNO NELLA 1ª GIORNATA DI CAMPIONATO CONTRO L'HELLAS VERONA

catore su questi livelli, il tedesco Kimmich, che è la chiave di volta di Bayern e Germania e fa davvero tutto: il play e l'incursore, il marcatore e il goleador, toccando un'infinità di palloni. Più di Kimmich, nato comunque laterale, Lobotka ha il movimento "danzante", palla al piede, che appartiene ai registi di grido, a Pirlo, a Modric, a De Jong (che pare stia recuperando gli splendori dell'Ajax di Ten Hag adesso che Xavi gli ha messo accanto Busquets, il guardaspalle indispensabile com'era Schone).
Gli altri "totem", da Tchouameni a Rodri, sono più sintetici all'interno della manovra di Real Madrid e City, tanto per fare due esempi importanti. In Italia, Bennacer e Calhanoglu sono quelli che più si avvicinano ma, probabilmente complice la squadra che gira loro attorno, non hanno raggiunto i vertici di Lobotka. Anche il fenomeno argentino Enzo Fernandez ha caratteristiche diverse, più mezzala forse. Alcuni allenatori hanno individuato nello slovacco l'elemento da fermare per bloccare il Napoli, ma pochi sono riusciti nell'impresa: Sarri gli ha appiccicato addosso Vecino costringendo la sua Lazio a una prestazione più difensiva che però ha portato al successo. Non c'è invece riuscito l'Eintracht Francoforte guidato da uno dei santoni della scuola Red Bull, Glasner. Altri neanche ci hanno provato.

Ci sono stati momenti – soprattutto in Europa – in cui Anguissa è parso uno e trino, nel senso che impersonava tre ruoli nella stessa partita, con una mobilità impressionante

Lobotka si esalta perché accanto ha due mediani che non hanno mai giocato così. Ci sono stati momenti – soprattutto in Europa – in cui Anguissa è parso uno e trino, nel senso che impersonava tre ruoli nella stessa partita, con una mobilità impressionante. S'è visto con il Liverpool, con l'Eintracht e non solo. Partendo dal mezzo destro, come mezzala di marcatura e incursione, dalla forza fisica insuperabile, Anguissa è diventato negli stessi 90 minuti il secondo regista (quando arretrava per affiancare Lobotka e dialogare stretto con lui) e poi il trequartista dal dribbling vincente (nei momenti in cui entrava di prepotenza nella trequarti avversaria, seminando il panico). Un giocatore unico che riassume le caratteristiche lontane tra loro, e quindi rarissimo. Quando è al massimo, non ci sono in giro tante altre mezzali così, e il paragone deve correre a Bellingham, a Ounahi rivelazione al Mondiale, al miglior Goretzka.
Ma anche Zielinski appartiene a una categoria rara di multiuso, giocatori che i tecnici adorano perché

DURANTE QUESTA STAGIONE
ANGUISSA SI È RIVELATO UNA
DELLE MEZZALI PIÙ COMPLETE
DEL CAMPIONATO ITALIANO

ELMAS È STATO UN VERO E PROPRIO TITOLARE AGGIUNTO: SCHIERATO A CENTROCAMPO O IN ATTACCO È SPESSO STATO DECISIVO

possono ricoprire più ruoli e soprattutto funzioni. Tecnicamente la sua arma è squarciare le linee della mediana avversaria ed entrare in area. Non è un grande goleador, però crea occasioni e offre aperture, assist, invenzioni. L'asse con Kvaratskhelia a sinistra è stato una minaccia per tante difese in Italia e in Europa. La sua crescita deve tanto alle "lezioni" del prof. Spalletti che ha migliorato diversi elementi della rosa, insegnando calcio.

La preparazione ha aiutato a non perdere troppe partite per infortuni o affaticamenti. Il turnover non è stato massiccio, ma in ogni caso il Napoli

Elmas si è rivelato un jolly prezioso: mezzala offensiva schierata anche nel tridente d'attacco

a centrocampo non ha mai avuto problemi. Nelle rare emergenze, Spalletti s'è affidato alle seconde linee, anche se per definire una riserva Elmas ci vuole coraggio. Eljif Elmas, 23 anni, oggi il miglior

PER FAR TIRARE UN PO' IL FIATO AI TITOLARISSIMI, SPALLETTI IN DIVERSI FRANGENTI HA FATTO AFFIDAMENTO SUL NUOVO ARRIVATO NDOMBELE

giocatore della Macedonia del Nord, è una mezzala offensiva schierata anche nel tridente d'attacco. Elmas è tecnico, veloce, tatticamente prezioso e averlo in panchina è un lusso. Quasi un titolare aggiunto.

L'estate scorsa è arrivato dal Lione il francese Tanguy Ndombele, mediano di grande affidabilità che può essere impiegato in tutti i ruoli del centrocampo al posto di Lobotka, Anguissa e, se serve, Zielinski. Né Elmas né Ndombele sono mai stati dimenticati da Spalletti che ha impostato un turnover per far sentire tutti importanti e parte del gruppo: le statistiche sulle presenze stagionali confermano questa gestione intelligente. Meno impiegati ma sempre presenti il giovane Gianluca Gaetano, 23 anni, trequartista nel quale il Napoli crede, e il play tedesco Demme, 31 anni, che era arrivato contemporaneamente a Lobotka ma negli ultimi anni è stato condizionato anche da fastidiosi infortuni. Un reparto straordinario, forse il migliore d'Europa – azzardiamo: con quello del City? – in questa fantastica stagione vincente.

KIM ESULTA DOPO LA VITTORIA
DEL NAPOLI CONTRO L'EMPOLI

Il nuovo muro azzurro

PARTITO KOULIBALY, I TIFOSI HANNO TROVATO IN KIM E RRAHMANI UNA COPPIA DA SOGNO. SUPPORTATA DA JOLLY COME CAPITAN DI LORENZO E MARIO RUI

di **Nicola Berardino**

Così come i successi partono dalle fondamenta, il Napoli-scudetto di Luciano Spalletti è nato dalla difesa, per allestire un bunker in grado di diventare anche la prima leva del gioco d'attacco. Una filosofia instillata nella squadra dall'allenatore toscano sin dal primo giorno di ritiro precampionato a Dimaro. È infatti da luglio 2021 che è scattato il piano tattico che ha portato il Napoli allo scudetto di questa stagione. Un piano e delle idee che col tempo si sono mostrate non necessariamente ritagliate sulle qualità specifiche dei singoli interpreti: sono stati anzi i difensori ad assorbire quei precetti.

Prima giornata del campionato 2021/2022, Spalletti debutta alla guida del Napoli, in casa contro il Venezia: davanti a Meret, il tecnico schiera un quartetto con Di Lorenzo, Manolas, Koulibaly e Mario Rui. Una linea difensiva subito intravista come quella titolare, salvo poi dover fare i conti con gli infortuni di Meret e Manolas. Al loro posto sono entrati Ospina, tra i pali, e Rrahmani, al centro, senza più uscire. Sia il portiere colombiano, grazie alla sua esperienza, sia il centrale kosovaro, capace di assicurare una maggiore pressione e una migliore tempestività nelle chiusure, hanno fatto proprio il copione previsto dall'allenatore toscano, garantendo un'ottima resa dei compiti richiesti.
Luciano Spalletti, poi, ha inciso sulla mentalità. Alimentando la capacità dei difensori di saper leggere le fasi di gioco per concedere meno varchi possibili e evitare di esporsi alle ripartenze degli avversari. Una retroguardia addestrata per rivelarsi pragmatica e concentrata nell'applicazione dei dettami tattici, dimostrando sicurezza e lucidità nella padronanza dei compiti. A sostegno dei difensori, in trincea, è stato importante anche il lavoro di copertura assicurato in mediana da Anguissa, sempre pronto a trasformarsi in uno scudiero aggiunto per il reparto arretrato.
La difesa però non è mai stata intesa dal Napoli solo come un fortino per blindare la porta, ma è sempre stata vista anche come rampa di lancio della manovra. Alla sosta di novembre del campionato 2021/2022, il Napoli aveva subito appena 4 gol in 12 giornate, nelle quali per 8 volte la porta era rimasta inviolata. Un passivo di reti da primato

Così come i successi partono dalle fondamenta, il Napoli-scudetto di Luciano Spalletti è nato dalla difesa, per allestire un bunker in grado di diventare anche la prima leva del gioco d'attacco

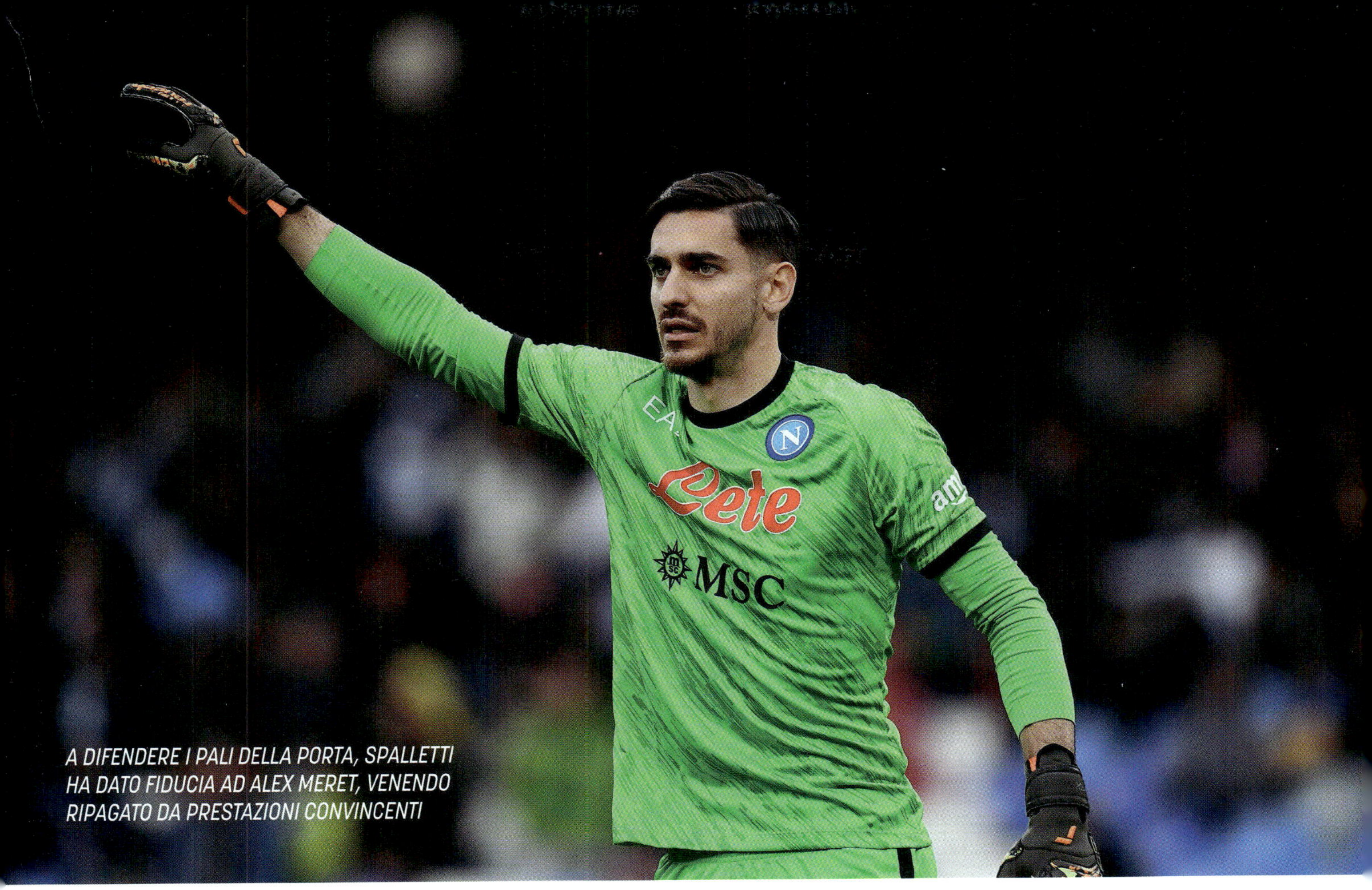

A DIFENDERE I PALI DELLA PORTA, SPALLETTI HA DATO FIDUCIA AD ALEX MERET, VENENDO RIPAGATO DA PRESTAZIONI CONVINCENTI

in Europa: come il Chelsea (al tempo con una gara in meno). Insomma, la traccia introdotta da Spalletti era stata impressa già nella scorsa stagione e il sogno-scudetto frantumatosi alla distanza non ha comunque toccato la solidità della difesa nel resto di quel campionato, se è vero che nella graduatoria dei gol subiti gli azzurri hanno chiuso al primo posto con i campioni d'Italia del Milan con appena 31 reti al passivo.

Nonostante questo, la rivoluzione di mercato del Napoli della scorsa estate ha coinvolto anche la difesa, con due novità che si sono rivelate fondamentali. In primis, non è stato rinnovato il contratto in scadenza del portiere Ospina. Il colombiano, classe 1988, ha concluso un rapporto di quattro stagioni in azzurro dopo le 31 partite giocare da titolare nell'ultimo campionato, ma se la sua partenza era annunciata, non era così per quella di Kalidou Koulibaly, il gigante senegalese di 1,95 d'altezza arrivato a Napoli nel 2014 dal Genk e che si era ben presto guadagnato sul campo l'appellativo di Comandante per la sua autorevolezza ed efficacia. Con l'arrivo di Sarri (2015) sulla panchina azzurra, era diventato una colonna della difesa. Col tempo anche un leader della squadra. La partenza di Insigne, già delineata da gennaio, aveva dato a Koulibaly la nomination come nuovo capitano del Napoli, anche grazie a un feeling strepitoso con la città, innervato pure dalle sue iniziative di beneficenza, portate avanti tra tanto riserbo e grande sensibilità. In passato il presidente Aurelio De Laurentiis aveva resistito a offertone sui 70 milioni di euro dal Manchester City e dal Paris Saint Germain, ma al termine della stagione 2021/2022 è cambiato lo scenario, soprattutto in considerazione del contratto del centrale, in scadenza nel 2023. A luglio, in poche settimane, il ribaltone. Il giorno 13, mentre era atteso nel ritiro del Napoli a Dimaro, Koulibaly volava a Londra per sostenere le visite mediche per il Chelsea. Un accordo col club londinese per un quinquennale da 10 milioni a stagione, era il punto di avvio di un'operazione che ha portato al

ARRIVATO IN ESTATE PER SOSTITUIRE KOULIBALY, KIM SI È DIMOSTRATO UNO DEI MIGLIORI DIFENSORI DEL CAMPIONATO

Napoli circa 38 milioni di euro più altri due di bonus. Una cessione che ha allarmato un ambiente già in tensione per le altre partenze. L'addio di Koulibaly, un totem in maglia azzurra, uno dei migliori difensori al mondo, era visto come il segnale forte di un ridimensionamento. Ma il Napoli stava già coltivando un piano alternativo. Da oltre un anno, Cristiano Giuntoli teneva calda la pista per Kim Min-jae, sudcoreano, classe 1996, che nell'agosto 2021 era passato al Fenerbahce: due anni prima al d.s. azzurro era arrivata una segnalazione dalla Cina sul difensore che allora giocava in Super League. In poche ore il Napoli ha compiuto una rimonta sul Rennes, che sembrava vicinissimo a ingaggiare Kim, forte anche del fatto che Bruno Genesio, tecnico dei francesi, aveva fatto crescere il sudcoreano quando era a Pechino al Guoan. Inoltre, si stava muovendo anche l'Everton. Le strategie del Napoli hanno però fatto presa. La possibilità di giocare la Champions è stata un tassello importante per arrivare alla firma di Kim su un quinquennale da 2,5 milioni di euro a stagione più bonus (18 invece i milioni versati al Fenerbahce).

Per il ruolo di portiere, invece, dopo l'addio a Ospina, le attenzioni sembravano rivolte verso un'altra soluzione di spessore internazionale: Kepa del Chelsea o Navas del Psg, con Meret che nella prima settimana di agosto appariva inevitabilmente in procinto di andare in prestito allo Spezia. Ma alla fine, al via del campionato, nella trasferta di Verona, a difendere i pali del Napoli c'era proprio Alex Meret, pronto a diventare il portiere titolare della squadra-scudetto.

A rinforzare le fila della retroguardia azzurra sono poi arrivati anche Mathias Olivera e Leo Ostigard.

Da oltre un anno, il diesse Giuntoli seguiva la pista di Kim Min-jae, sudcoreano, classe '96, che dall'agosto 2021 era al Fenerbahce

Il primo, uruguaiano del 1997, è stato acquistato dal Getafe, club spagnolo, come alternativa a Mario Rui ed è sbarcato nel club del presidente De Laurentiis anche grazie a un assist di Edinson Cavani. All'ex bomber azzurro si illuminò infatti lo sguardo quando a gennaio – appena avviati i primi contatti con il club partenopeo – Olivera, durante un ritiro della Nazionale, chiese proprio al Matador referenze sul Napoli.

Già conosceva la Serie A invece Ostigard, in prestito dal Brighton al Genoa il campionato scorso. Per il norvegese, classe 1999, l'avventura a Napoli era tracciata nel destino ispirandosi fin da bambino a uno dei migliori difensori della storia azzurra, Fabio Cannavaro. Leo infatti aveva 10 anni e giocava nella scuola calcio dell'Andalsnes, la squadra del suo paese, quando un allenatore gli disse che il suo modo di giocare, per la forza fisica e la ricerca costante dell'anticipo, gli ricordava quello di Cannavaro. Tornato a casa, il piccolo Ostigard si affrettò a vedere su Youtube come

RRAHMANI, CHE QUI FESTEGGIA DOPO LA RETE MESSA A SEGNO CONTRO LA JUVENTUS, SI È CONFERMATO SU ALTI LIVELLI DI RENDIMENTO

giocava il difensore italiano e lo elesse suo idolo, tenendone anche l'immagine sul display del telefonino.

Di Lorenzo, Kim, Rrahmani e Mario Rui, davanti a Meret: questa la difesa del Napoli scesa in capo al Bentegodi, al debutto di campionato. Il vantaggio del Verona al 29' con Lasagna è stato solo una crepa estemporanea quanto ingannevole, ribaltata già a fine primo tempo da due reti degli azzurri, prima che la partita si concludesse con il 5-2 finale. Dopo i due gol subiti dai gialloblù, appena altri due nel passivo del Napoli nelle successive quattro partite di campionato e alla fine del girone d'andata la difesa del Napoli era la meno battuta dell'intera Serie A, merito anche dell'innesto di Kim, capace di riedificare la retroguardia e disincagliarla dalle incertezze del dopo Koulibaly.
La premessa è che Kim, a Napoli, si è sentito subito a casa, non è una coincidenza forse se Tongyeong, la sua città natale, è soprannominata "La Napoli della Corea del Sud", chiusa com'è in un golfo circondato da isole. La successione del sudcoreano a Koulibaly si è attuata anche nella scelta della sua abitazione: Kim ha affittato l'appartamento di Posillipo in cui viveva il senegalese. Similitudini pure con le iniziative di Koulibaly in aiuto di chi ne ha bisogno, Kim infatti è stato nominato ambasciatore dalla Purme Foundation, che si occupa della riabilitazione dei bambini disabili e dell'autonomia dei giovani affetti da malattie invalidanti. "Anche se ha giocato in campionati diversi, Kim è da Napoli e da Champions", così Spalletti presentò il difensore, che in Turchia era stato soprannominato "The monster" per sottolinearne l'aggressività in fase di marcatura. Un "mostro" arrivato per rendere agguerrita la difesa del Napoli, anche grazie al metro e 90 di altezza, e a un peso forma sugli 86 kg, che gli hanno permesso di brillare anche nel gioco aereo. Lo stacco in elevazione può contare

MARIO RUI HA SPESSO ALIMENTATO, CON LE SUE GIOCATE SULLA FASCIA SINISTRA, ANCHE LA MANOVRA OFFENSIVA

inoltre su un perfetto tempismo: dote che ha fatto fruttare pure in fase realizzativa. Così in Serie A, già alla seconda presenza, ha colpito nel 4-0 contro il Monza. Per poi ripetersi, questa volta in modo decisivo per consegnare tre punti al Napoli, nella trasferta contro la Lazio. "Kim, Kim, Kim": è l'urlo del Maradona che segue i suoi interventi più incisivi. E i tifosi apprezzano anche la sua generosità, che lo porta a "trovare" sempre un modo per intervenire nelle situazioni più difficili, derogando magari ai principi della classe pur di offrire la soluzione necessaria attingendo a inventiva e capacità di adattarsi, spesso esaltate tra le virtù dei napoletani.

Kim si è ben inserito anche nel piano tattico che ha richiesto alla retroguardia di partecipare alla costruzione del gioco. In questo senso, è stato determinante anche l'apporto dei laterali. Giovanni Di Lorenzo (scelto come nuovo capitano dopo la partenza di Insigne) sulla destra, e Mario Rui sulla sinistra, sono più che terzini. Sanno trasformarsi in registi mascherati o anche rifinitori per le conclusioni a rete. In ogni caso, due frecce per alimentare la manovra in proiezione offensiva. Di Lorenzo è ad alti livelli da almeno tre stagioni; Mario Rui, invece, si è rilanciato nell'ultima, contribuendo al

Di Lorenzo gioca ad alti livelli da almeno tre stagioni. Mario Rui, invece, si è rilanciato nell'ultima

Un Napoli granitico a partire dalla personalità. Così Spalletti ha edificato il bunker per arrivare allo scudetto

gioco con trame efficaci e lucide, mentre Olivera è stato capace di irrobustire la fascia sulla sinistra con la propria fisicità. All'occorrenza sia Di Lorenzo sia Mario Rui sono stati capaci anche di accentrarsi, permettendo al Napoli di accrescere il numero di suoi giocatori nell'assalto frontale. Di Lorenzo, perno anche della Nazionale di Mancini, ha saputo inoltre prodursi in fase conclusiva come un vero goleador. A segno di testa contro l'Ajax in Champions (spettacolare anche l'incursione per andare in gol a Francoforte contro l'Eintracht) e a Lecce con una rete da "centravanti". Da manuale, poi, l'azione innescata dal capitano azzurro dalle retrovie per portare, attraverso sovrapposizioni e interscambi con Anguissa, Kvaratskhelia e Olivera, al colpo finale di Osimhen nel terzo gol del Napoli a Torino.

Al fianco di Kim, c'è Amir Rrahmani a ricoprire l'altro ruolo di centrale. Il 29enne kosovaro, oltre che per le sue qualità nel fronteggiare gli attaccanti, si è fatto spesso notare come una delle "rampe" per far partire la manovra. Appena recupera un pallone, Rrahmani prova subito a rilanciare il gioco. Tra i pali infine Alex Meret si è meritato sul campo i gradi da titolare, migliorando nella gestione della palla con i piedi e diventando una sicurezza per tutti i compagni: alle sue spalle Pierluigi Gollini, arrivato a gennaio dopo lo scambio con Salvatore Sirigu, si è sempre fatto trovare pronto quando è stato chiamato in causa.

Più che da rincalzi, infine, l'apporto dei centrali Juan Jesus e Leo Ostigard, che non ha nascosto i progressi fatti anche grazie alla marcatura di Kvaratskhelia e Osimhen in allenamento. Così come Alessandro Zanoli e Bartosz Bereszynski, arrivato a gennaio dalla Sampdoria, hanno garantito soluzioni aggiuntive sulle corsie esterne. Ma oltre agli schemi, o meglio prima degli stessi, è stata la mentalità da grande squadra a prendere il sopravvento. Dopo la trasferta con il Sassuolo, Luciano Spalletti ha postato su Instagram un video relativo a una trama del Napoli rivolgendo un "Siete meravigliosi" ai suoi giocatori. E poi ha spiegato: "In 25 anni che faccio l'allenatore non mi era mai capitato di vedere un'azione del genere. Battiamo male un calcio d'angolo contro il Sassuolo e dieci assatanati corrono dietro al pallone finché non lo recuperiamo. Senza pensare a niente, solo per riportarsi dietro la linea difensiva ed evitare il rischio di subire il gol. Tutti pronti a buttarsi al di là del recinto per dare una mano ai compagni". Un Napoli granitico a partire dalla personalità. Così Spalletti ha edificato il bunker per arrivare allo scudetto.

ABBRACCIATO DA RASPADORI, DI LORENZO (A SINISTRA) ESULTA
DOPO AVER SBLOCCATO DI TESTA IL MATCH CONTRO IL LECCE

MSC

QUANDO KIM (A SINISTRA NELLA FOTO) O RRAHMANI NON SONO STATI DISPONIBILI, IL BRASILIANO JUAN JESUS (A DESTRA) SI È SEMPRE FATTO TROVARE PRONTO

LA SODDISFAZIONE DEL PRESIDENTE AURELIO DE LAURENTIIS
DOPO LA CONQUISTA DELLO SCUDETTO

Ciak, l'Oscar di De Laurentiis

IL CAPOLAVORO DEL PRESIDENTE: DALLA C ALLO SCUDETTO IN 18 ANNI. CONTI A POSTO, MERCATO OCULATO E CAPACITÀ DI SCOPRIRE TALENTI: ECCO I SEGRETI

di **Vincenzo D'Angelo**

Il titolo del suo ultimo capolavoro lo ha dato lui stesso, dichiarandolo in un'intervista. "Azzurro", come il cielo di Napoli, come il suo mare, come la sua storia sportiva. Napoli vive di calcio e il calcio a Napoli è rinato da diciotto anni a questa parte. Aurelio De Laurentiis ha vinto ancora una volta la sua sfida personale. E lo ha fatto in maniera spettacolare, come piace a lui. Il suo primo scudetto è un kolossal lungo una stagione sportiva, fatta di emozioni continue, vittorie travolgenti, serate di gloria, gol e spettacolo, in tipico stile hollywoodiano. E fa niente se l'attesa è stata lunga e la strada impervia, De Laurentiis ha riportato a Napoli lo scudetto nell'anno della ricostruzione, rendendo ancora più speciale questo capolavoro sportivo. Che contrariamente alla sua storia lavorativa, non verrà celebrato nei cinema, ma per le strade e nelle piazze della città. Nei suoi vicoli, nei suoi rioni. E nella capitale della scaramanzia e della cabala, anche i numeri non sono stati di certo banali. Chiamatele pure coincidenze, se volete. Ma il Napoli di De Laurentiis ha conquistato la vetta dell'Italia contemporaneamente alla sua maggiore età anagrafica, come se avesse dovuto aspettare la piena maturità di una società rinata dalle ceneri di un fallimento, ripartendo della Serie C, sui campi scomodi della periferia nazionale, in quel sud troppo spesso emarginato e abbandonato e che oggi il Napoli ha portato al "potere". E lo ha fatto trentatré anni dopo l'ultima volta: 33, che nella smorfia napoletana sono "gli anni di Cristo". Come fosse un nuovo miracolo, sportivo naturalmente, da lasciare in eredità ai posteri e ai libri della storia del calcio. Napoli ha vinto, De Laurentiis ha vinto. Ma non pensate sia la fine di un percorso, perché sareste totalmente fuori strada. L'ambizione e la determinazione di De Laurentiis e del popolo napoletano non si sazieranno facilmente: festeggeranno a lungo, come giusto che sia. Ma poi si rimetteranno al lavoro, per dare continuità e magia a questa nuova era dipinta di azzurro. Azzurro Napoli, azzurro cielo, azzurro mare. Sciarpe, maglie e bandiere si sostituiranno per i prossimi mesi ai tradizionali panni appesi sui balconi, sagome dei calciatori compariranno (e sono già comparse) per le vie del-

Il Napoli di De Laurentiis ha conquistato la vetta dell'Italia contemporaneamente alla sua maggiore età anagrafica, come se avesse dovuto aspettare la piena maturità di una società rinata dalle ceneri di un fallimento

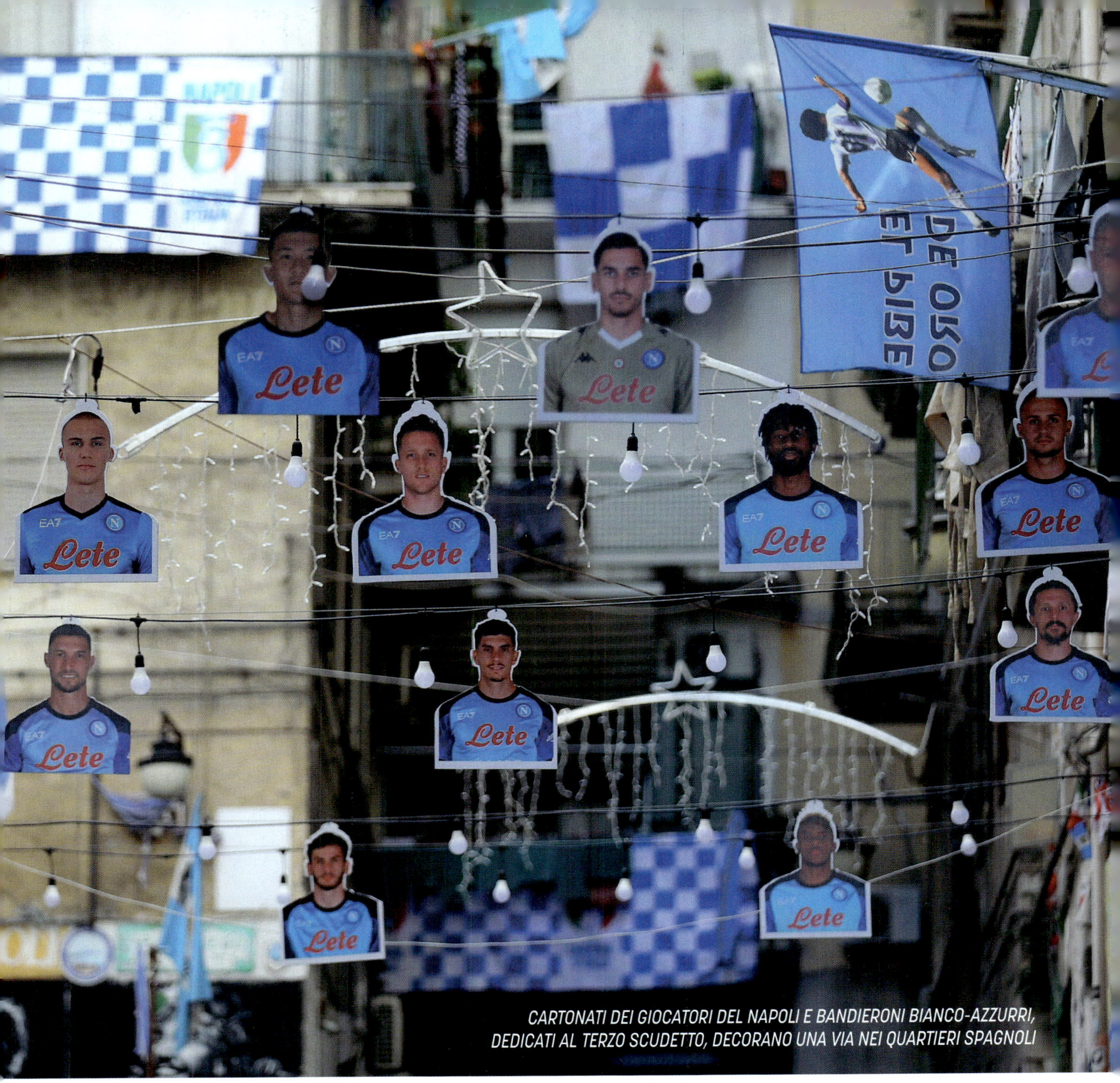

CARTONATI DEI GIOCATORI DEL NAPOLI E BANDIERONI BIANCO-AZZURRI, DEDICATI AL TERZO SCUDETTO, DECORANO UNA VIA NEI QUARTIERI SPAGNOLI

la città, dove campeggerà enorme il terzo tricolore. Perché, insomma, Aurelio De Laurentiis e il cinema sono una cosa sola e anche nel successo sportivo non potevano mancare riferimenti cinematografici. Così, se il primo scudetto sarà per sempre ricordato per la famosa scritta "E che vi siete persi" sulle mura del cimitero – trovata geniale di un anonimo cittadino per consolare chi era passato a miglior vita senza mai provare l'ebbrezza di quella emozione e di quella felicità –, quello di De Laurentiis è stato subito associato a due capolavori del compianto Massimo Troisi, uno dei grandi cerimonieri dei due scudetti griffati Diego Armando Maradona. Da "Ricomincio da tre" a "Scusate il ritardo": arte, cinema, orgoglio. Napoli così dice grazie a De Laurentiis.

Aurelio De Laurentiis, del resto, è sempre stato un imprenditore vincente, rivoluzionario, un visionario. Vedeva oro dove gli altri vedevano cenere:

EDINSON CAVANI, UNO DEI GRANDI ATTACCANTI PORTATI A NAPOLI DAL PRESIDENTE DE LAURENTIIS

ha voluto scommettere su Napoli, e ha vinto. Sul campo e fuori dal campo. Con una gestione amministrativa maniacale, senza compiere mai un passo più lungo della gamba, con azzardi calcolati, senza mettere mai a rischio il futuro del club. E stracciando delle vecchie abitudini calcistiche che nessuno sembrava in grado di poter mettere in discussione. Un occhio al bilancio e uno al progetto sportivo, anno dopo anno il Napoli è diventato sempre più grande, la sua squadra sempre più competitiva e il suo marchio più prestigioso. Aurelio ha sempre inseguito il successo a suo modo, anche a costo di diventare impopolare. E alla fine ha trionfato a suo modo, con effetti speciali, nella stagione che in molti si erano affrettati a dipingere come il nuovo "anno zero" del calcio a Napoli. "Faremo di tutto per riportare lo scudetto a Napoli, ma voi dovete starci vicino", aveva annunciato il buon Aurelio alla vigilia della stagione, in conferenza stampa. Frasi che stridevano col presente e che sembravano un disperato tentativo per calmare le anime agitate dei tifosi, arrivate dopo le cessioni illustri di alcuni totem dello spogliatoio azzurro. Da capitan Lorenzo Insigne al Comandante Kalidou Koulibaly, passando per l'addio a Dries Mertens, il miglior marcatore della storia del Napoli. Ma alla fine ha avuto ancora ragione De Laurentiis, in barba agli scettici e ai contestatori. E non è stato un colpo di fortuna, perché questo è lo scudetto della programmazione, il punto esclamativo della gestione De Laurentiis, il punto più alto di un viaggio che il Napoli ha vissuto per anni ad alta quota, senza però arrivare mai a vedere i fuochi d'artificio all'orizzonte. Mattone dopo mattone, anno dopo

ADL ha sempre inseguito il successo a modo suo, anche a costo di diventare impopolare. E alla fine ha trionfato, con effetti speciali, nella stagione che molti avevano troppo frettolosamente dipinto come il nuovo "anno zero" del calcio a Napoli

anno, allenatore dopo allenatore, giocatore dopo giocatore, De Laurentiis ha trasformato in realtà i sogni dei tifosi, quelli che da anni cantano "Napoli torna campione" e che adesso potranno e dovranno aggiornare i propri cori col petto gonfio d'orgoglio e prospettive sempre più azzurre.

Dalla Serie C allo scudetto, c'è voluto tempo, pazienza, programmazione e tanto lavoro. Ma sin da subito l'impatto di Aurelio De Laurentiis è stato un segnale di speranza per il mondo napoletano. Il presidente azzurro ha capito presto che due cose non dovevano mai mancare nella sua squadra, per un Napoli sempre ambizioso e competitivo: allenatore e centravanti top, per poter sognare in grande. Il primo anno è stato quello più duro, più problematico. Squadra assemblata velocemente, col campionato alle porte e tempi strettissimi per il mercato (nonostante una deroga di qualche settimana...): De Laurentiis ha scelto di affidarsi alla saggezza di Pierpaolo Marino come direttore generale, ha scelto Gian Piero Ventura per la panchina e ha convinto il Pampa Sosa a ripartire dalla C. Ma il vero colpo è arrivato a gennaio, con l'acquisto di Emanuele Calaiò, re dei bomber in Serie B. La prima stagione è stata dura, ma è servita all'imprenditore per capire meglio il calcio e fare esperienza. Con Ventura esonerato a febbraio, ADL ha puntato sull'esperienza di Edy Reja, architetto della scalata fino alla A. La delusione della finale playoff persa al primo anno è svanita presto, perché poi il Napoli ha cominciato a volare e a bruciare le tappe, anche quelle dei più ottimisti. Campionato stravinto al secondo anno e mercato top per l'esordio in B, che per De Laurentiis segna soltanto una tappa di transizione tra l'inferno della C e il Paradiso della A. Il progetto De Laurentiis è vincente, ha basi solide e prospettive senza limiti. Ad Aurelio non basta la Serie A, vuole portare Napoli a essere un punto di riferimento internazionale, partendo come sempre dalla solidità societaria e da una guida tecnica di spessore. Dopo Reja – con cui arriva subito a giocare l'Intertoto e a muovere i primi passi in Europa – affida la squadra a un ex c.t. come Roberto Donadoni. Seguiranno Walter Mazzarri (il primo a portare il Napoli di De Laurentiis in Champions League), Rafa Benitez, Maurizio Sarri, Carlo Ancelotti e Rino Gattuso, prima del matrimonio che cambia la storia, con Luciano Spalletti: un anno per prendere le misure e poi via alla trionfale cavalcata tricolore.

Il presidente ricorda sempre con orgoglio che il Napoli oggi è la squadra italiana attualmente con la striscia più lunga di partecipazioni alle coppe europee

Lo scudetto è il giusto premio per quello che De Laurentiis ha saputo raggiungere, spesso azzardando e poche volte sbagliando. Il presidente ricorda sempre con orgoglio che il Napoli oggi è la squadra italiana attualmente con la striscia di partecipazioni alle coppe europee più lunga, che poi è uno dei segreti dell'incredibile stagione appena vissuta, dove in un colpo solo Aurelio De Laurentiis ha rivoluzionato la storia del club: col 3° scudetto è arrivato anche il cammino in Champions più lungo di sempre, perché neanche con Maradona il Napoli aveva saputo superare gli ottavi. Ma non ci sarebbe stato l'anno d'oro 2022/2023 senza i grandi colpi del passato. De Laurentiis ha saputo investire su talenti in erba e su campioni da rige-

AURELIO DE LAURENTIIS INSIEME A LUCIANO SPALLETTI, L'ALLENATORE TOSCANO CHE HA CONDOTTO IL NAPOLI AL SUO TERZO SCUDETTO

SOTTO LA PRESIDENZA DE LAURENTIIS HANNO VESTITO LA MAGLIA DEL NAPOLI GRANDI CAMPIONI COME MERTENS (A SINISTRA) E INSIGNE (A DESTRA)

nerare. E ha sempre fatto bingo col centravanti: da Zalayeta (in prestito dalla Juve, ma con esperienza e gol in Champions) al primo anno è passato a Fabio Quagliarella, sostituito poi dal fenomenale Edinson Cavani. E non ha tremato quando i top club sono passati a saccheggiare i suoi gioielli: ha incassato bene (anche grazie alle clausole rescissorie, di cui si è servito per rendere il Napoli una società modello a livello finanziario) e investito meglio. Cavani è stato sostituito con Gonzalo Higuain, probabilmente l'affare più clamoroso messo

C'è voluta una nuova rivoluzione per salire l'ultimo gradino e toccare l'infinita felicità

a segno dal buon Aurelio, spalleggiato all'epoca dalla sagacia di Benitez. Con Sarri e Giuntoli nel 2015 ha aperto un nuovo ciclo e ha cominciato a corteggiare seriamente il tricolore: Napoli tre volte vicinissimo alla meta, ma mai festante a fine stagione. Nel frattempo, Mertens e Insigne diventavano campioni, incantavano in Italia e in Europa, e rendevano Napoli sempre più ambita anche dai grandi giocatori. Ma c'è voluta una nuova rivoluzione per salire l'ultimo gradino e toccare l'infinita felicità (come dice oggi Spalletti): il colpo Osimhen dal Lilla (affare da 65 milioni) nell'estate 2020 è stato il primo passo, completato nell'ultima sessione estiva con l'arrivo del fenomenale talento georgiano Kvaratskhelia. Una coppia da sogno, che è il biglietto da visita dell'era De Laurentiis. Aurelio ha sempre saputo vedere oltre, ha investito con coraggio, ha scommesso, ha vinto: tre Coppe

AURELIO DE LAURENTIIS INSIEME ALL'ATTACCANTE NIGERIANO VICTOR OSIMHEN, UNO DEI SIMBOLI DEL TERZO SCUDETTO DEL NAPOLI

Italia e una Supercoppa prima dello scudetto. E il meglio deve ancora venire, perché De Laurentiis è un uomo di spettacolo, che ama stupire con effetti speciali. Quel "Faremo di tutto per riportare lo scudetto a Napoli" non era slogan elettorale, ma la consapevolezza di chi aveva programmato passo dopo passo la sua scalata nel grande calcio, arrivando dal cinema, da imprenditore illuminato. Oggi Aurelio De Laurentiis festeggia il suo personale Oscar sportivo: lo scudetto lo renderà per sempre immortale nella storia del calcio a Napoli, come Diego Armando Maradona.

Oggi De Laurentiis festeggia il suo personale Oscar sportivo: lo scudetto lo renderà per sempre immortale nella storia del calcio a Napoli

IN UN SAN PAOLO GREMITO, MARADONA FESTEGGIA LA CONQUISTA DEL PRIMO, STORICO, SCUDETTO DEL NAPOLI

Per sempre nella storia della città

DAL NAPOLI DI MARADONA A QUELLO DI OSIMHEN, TRA CAMPIONISSIMI E MITI. ANALOGIE E DIFFERENZE TRA DUE SQUADRE ENTRATE NELLA LEGGENDA DEL CALCIO AZZURRO

di ***Marco Ciriello***

Per capire la distanza tra la Napoli di Diego Armando Maradona e quella di Victor Osimhen bisogna aprire "La disunità d'Italia" di Giorgio Bocca e leggere: "Napoli non è più il nome di una città ma di un problema irrisolvibile". A parte l'apocalitticità da profeta di Bocca, le vittorie sportive del Napoli maradoniano erano una intermittenza di quella irrisolvibilità dal punto di vista piemontese. E dopo un percorso da fiume, pieno di curve e rallentamenti, il Napoli ha ritrovato le vittorie con titulo, come direbbe il massmediologo José Mourinho, perché negli anni precedenti aveva ritrovato solo le vittorie, e soprattutto la città si è risolta in altri problemi meno apocalittici e più simili alle altre capitali del mondo. Gronda di turisti, che escono da un Caravaggio per cercare una Venere Callipigia, trovando anche navette e metropolitane, con molto traffico e ancora qualche inconveniente, ma comunque in modo differente dalle uscite dal Caravaggio che facevano rammaricare Raffaele La Capria. Poi è ancora la città benjaminiana che quando piove traballa: come raccontò Nicola Pugliese in "Malacqua". Ed è diventata un set cinematografico dietro l'altro, tanto che non si capisce più dove finisca la finzione e cominci la realtà. E come la città anche la squadra è diventata altro.

È mutato tutto, trentatré anni e un Cristo Velato dopo. Quello che allora era realtà oggi è film, tanto da contaminare pure la realtà che poi sarà film a sua volta. Maradona è il mito che crea il sogno, Osimhen è il supereroe che lo rinnova. Oggi Diego è l'uomo più instagrammato del mondo, mentre Osimhen e la sua mascherina sono quelli più replicati in città. È questa la misura. L'attaccante nigeriano porta il fuoco, riaccendendo il braciere. Maradona è quello che ha creato il braciere, la città, il sogno, l'immaginario. Per leggere la distanza tra il primo scudetto ('86-'87) e il successivo ('89-'90) e la Coppa Uefa (1989) bisogna guardare alla Piazza Plebiscito che era invasa dalle auto (tra i tanti film di allora si vede in "Mi manda Picone" di Nanni Loy) poi liberata un decennio dopo dal sindaco Antonio Bassolino, e al fatto che le auto contassero più delle persone, tanto che poi nella prima festa scudetto divennero attrici principali, ovviamen-

Maradona è il mito che crea il sogno, Osimhen è il supereroe che lo rinnova. Oggi Diego è l'uomo più instagrammato del mondo, mentre Osimhen e la sua mascherina sono quelli più replicati in città

LO STORICO MURALE DEDICATO A MARADONA NEI QUARTIERI SPAGNOLI DI NAPOLI

te dipinte d'azzurro come i monumenti, le case e le facce. E bisogna guardare i muri della città che erano scrostati e vuoti: oggi è più facile trovare un pezzo del muro di Berlino che un muro di un palazzo napoletano vuoto, casomai è scrostato, ma di sicuro c'è un murale. Non è questione di inciviltà ma di onnipresenza, la verbosità dei napoletani è diventata una verbosità rappresentativa, estetica, il paganesimo che prima veniva esplicitato nel vivere e raccontarsi alle telecamere, nel pregare e credere, ora è solo raccontarsi rappresentando i nuovi santi e lucrandoci. La città è una mappa di facce: antiche, nuove, napoletane e non. Il popolo dei nuovi credenti leopardiani è diventato il popolo dei nuovi illustratori. La parola che prima diveniva canzone ora diventa rappresentazione. Per questo dove Diego è ancora intero, Osimhen è già griffe. Anche perché si capì fin da subito che Diego era

I QUARTIERI SPAGNOLI HANNO OMAGGIATO OSIMHEN
E GLI ALTRI PROTAGONISTI DELLO SCUDETTO ESPONENDO
LE LORO SAGOME CARTONATE NELLE STRADE

il Nuovo Mondo Napoletano, quando il 5 luglio '84 dopo un "buonasera napoletani" che anticipava il "fratelli e sorelle: buonasera" di Bergoglio appena diventato Papa Francesco, lanciò il pallone in area e tutti capirono dietro lo stupore e lo stordimento che, tornato in campo, niente sarebbe stato come prima. Così fu.

Gli anni maradoniani sono stati una sbornia assoluta che nessun documentario di Asif Kapadia o serie tv di Amazon potrà replicare, perché era già cinema naturale, era già oltre-Hollywood. Tanto che gli anni Osimhen – arrivato senza quel clamore e senza nessuna missione speciale, perché tutti avevano smesso di crederci – sono molto più normali e simili ad altre città. Il primo scudetto di Maradona è irreplicabile, perché non esiste più quell'animo e quella attesa che non era di soli trentatré anni, ma di sempre. Poi ci sono state scene simili, tavolate fellinian-forcellesche, ma sono come la seconda lacrima che racconta Milan Kundera, già replica. Ovviamente per le nuove generazioni che hanno visto Maradona solo su YouTube o al cinema e in tivù o sui muri, questo scudetto è lo scudetto. E il simbolo è un calciatore nigeriano. Una nuova frontiera, una nuova emozione. Non sono più napoletani da tribù e ghetto nonostante l'Italia faccia di tutto per ricordare loro la presunta diversità. E in questa scia di diversità è interessante che una città di accoglienza e prima di dominazioni abbia scelto come leader sportivi (anche se per Maradona la leadership tocca vette di religiosità e misticismo) prima un indio e poi un nero, a riprova di una identità elastica, molteplice e risolta, quindi

Il primo scudetto di Maradona è irreplicabile, perché non esiste più quell'animo e quella attesa che non era di soli trentatré anni, ma di sempre

senza le chiusure culturali e mentali che in Italia trovano anche contenitori politici e parlamentari. Poi i calciatori e gli uomini sono differenti: Maradona è Zeus, Osimhen un achilleide. Maradona prese una banda e ne fece un'orchestra. Osimhen ha già trovato una orchestra che provava e riprovava. Il Napoli di Maradona fu un bambino dalla crescita forzata, per stare al suo passo dové saltare molte fasi, non c'era tempo per la lentezza, anche perché il mito era in fuga fino a diventare "L'italiana in Algeri" ("sono stato il carceriere di Maradona" dirà poi il presidente di quel Napoli che fece l'impresa: Corrado Ferlaino). Maradona e Napoli erano due esagerazioni che sommate hanno creato una onda lunga che è arrivata anche ad Osimhen. Quel Napoli diventava contrapposizione col Nord – generando anche molto del vittimismo post-gramsciano – e poi paragone per tutto, fino ad oggi, con Osimhen che come Messi al Mondiale in Qatar può storicizzare l'impresa maradoniana.

GIÀ DA ALCUNE SETTIMANE PRIMA DELLO SCUDETTO, LE STRADE DI NAPOLI ERANO ADDOBBATE A FESTA

Le squadre di Maradona furono sempre molto napoletane, ben radicate nella città insieme a Bruscolotti e Ferrara come garanti di quella napoletanità, con un Maradona che subito imparò la lingua e subito ci giocò, complice la prima intervista di Gianni Minà che poi diverrà il suo giornalista di famiglia. Oggi il Napoli di Aurelio De Laurentiis e Luciano Spalletti parla molte lingue, e il napoletano arriva negli spogliatoi e poi di rimbalzo in sala stampa solo attraverso quelle parole che conoscono tutti, come "cazzimma", "azz", "overo", "vabbuò", "jamme", "'o saccio", "'naggia", "oilloc" e poco altro, intercalari, orpelli, cuciture dove anche l'italiano è un orizzonte lontano. Osimhen parla inglese e forse non imparerà mai né il napoletano né l'italiano, anche se la sua faccia con mascherina da supereroe della Marvel è ovunque. Sorride, ringrazia e segna. Maradona si fece napoletano, anche perché i sette anni a Napoli coincisero con la vetta di Città del Messico e finirono con i fischi a Roma ai quali rispose con una performance da Mike Jagger ("hijos de puta" all'Olimpico in mondovisione e inquadratura da primo piano alla Sergio Leone). Osimhen ha indossato la maglia del Napoli e riportato lo scudetto inchiodando quasi tutte le difese avversarie con i suoi gol. Ma il suo Napoli ha almeno altre due stelle – che poi col tempo diverranno ancora più grandi – Khvicha Kvaratskhelia e Kim Min-jae che pure parlano inglese e sono perfetti come ambasciatori della Nuova Napoli. La Napoli globale, che si fa raccontare nel mondo da Elena Ferrante, che non intercetta la città di oggi ma, per un paradosso, quella del passato, quando i turisti erano Andy Warhol e Joseph Beuys e non i gruppi organizzati georgiani o sudcoreani che calano al "Maradona" (fu "San Paolo" che impressionava Juan Villoro e Roberto Fontanarrosa). Quelli che nel primo scudetto furono i cantori: Massimo Troisi e Pino Daniele, ora vivono negli striscioni di festa, ci mettono l'immagine dove un tempo ci misero il corpo, erano testimoni ora sono testi sacri. Questo terzo scudetto è tutto troisiano: lo aveva detto a Minà, sempre lui, che faceva i titoli dei film per farsi fare gli striscioni dai napoletani, e i film li faceva per farsi fare le canzoni di Pino Daniele. Le parole sono

UNO STRISCIONE DEI TIFOSI NAPOLETANI CHE CELEBRA IL TERZO SCUDETTO DELLA SQUADRA GIOCANDO CON IL TITOLO DI UNO DEI FILM PIÙ CELEBRI DI MASSIMO TROISI

di Troisi – "Ricomincio da tre", "Scusate il ritardo" – con un secondo posto blindato dalle canzoni di Daniele, mentre le immagini sono tutte maradoniane, è Diego che consegna il terzo scudetto ad Osimhen, con grandi assenti: San Gennaro, Totò ed Eduardo De Filippo.

Rispetto agli altri due scudetti, che furono più tribolati, come San Gennaro sa, questo è stato immediato, fin da gennaio, riuscendo a spazzare anche la scaramanzia, con grande rammarico degli italiani costretti a scoprire i napoletani europei tanto sognati da Benedetto Croce. Le promesse del cinema e del teatro di allora come Antonio Capuano e Mario Martone sono i venerati maestri di oggi, premiati, riveriti e tirati per la giacca. Almeno ci sono, altri come Antonio Neiwiller o il gallerista – per brevità – Lucio Amelio non ci sono più, e sono anche un po' in ombra. Come non c'è più una delle anime più belle e inquiete di Napoli: Libero De Rienzo che ha sovrapposto la sua smorfia di sorriso a quella di Giancarlo Siani, il giovane e abusivo giornalista de "Il Mattino" ucciso dalla camorra

Osimhen ha indossato la maglia del Napoli e riportato lo scudetto inchiodando quasi tutte le difese avversarie con i suoi gol. Ma il suo Napoli ha almeno altre due stelle – che poi col tempo diverranno ancora più grandi – Khvicha Kvaratskhelia e Kim Min-jae

Il nome di Osimhen farà parte del rosario – ristrettissimo – di santi pallonari da invocare, e rimpiangere. Mentre viene festeggiato comincia già la nostalgia. Perché ha rifatto l'impresa. E ora si aspetta la prossima

nel settembre 1985. Perché Napoli – ieri come oggi – è la città più giovane d'Europa e anche densamente più abitata – nell'hinterland si raggiungono vette asiatiche di contiguità e pericolo sismico e vulcanico – che lascia sull'asfalto quelli che si sporgono di più, e poi li guarda e ricorda nel bel mezzo della festa come fa il principe di Salina de "Il Gattopardo" di Tomasi di Lampedusa. In questo è ancora greca, in questo è ancora antica, nei sentimenti, anche se si modificano le scene, se cambiano le inflessioni e nessuno ricorda più la lingua di Ferdinando Russo, Salvatore Di Giacomo e Raffaele Viviani, ma poi sotto sotto è ancora quella sostanza là: una sirena, che poi è nonna, puttana, sposa, sorella, zia, amica e presenza ossessiva più d'una mamma ebrea in un film di Woody Allen (a proposito come mai non è ancora venuto a girare a Napoli?). Per questo Osimhen è fortunato, diventa viceré in poco, e quasi senza accorgersene. E dopo la torta, la pizza, il gelato, le maglie, i pupazzi, avrà anche la statua. Il suo nome farà parte del rosario – ristrettissimo – di santi pallonari da invocare, e rimpiangere. Mentre viene festeggiato comincia già la nostalgia. Perché ha rifatto l'impresa. E ora si aspetta la prossima. La città è così: cannibale, mangia continuamente se stessa. E il Napoli di Spalletti rimane un gradino sotto, anche se con una squadra che gioca un calcio differente e ha una estetica d'insieme migliore rispetto alle altre del passato, ma quelle avevano l'assoluto, Maradona, che non si batte. Per questo è così presente, fino all'ossessione, per questo ha tormentato Messi prima e Osimhen ora, e non c'entra l'evidente scala di valori calcistici, ma il mito, l'epica, l'amore: degli argentini prima e dei napoletani dopo.

UN ABBRACCIO TRA KVARATSKHELIA
E OSIMHEN, DUE DEI SIMBOLI
DEL TERZO SCUDETTO DEL NAPOLI

MA
RI
FUR
MANUTENZIONE
RIGENERAZIONE
PELLICCE
G04109-NA

UN'IMMAGINE DEL 1987 CHE ANCHE OGGI SEMBRA ATTUALISSIMA: LA FOLLE GIOIA DEI TIFOSI DOPO LA CONQUISTA DEL PRIMO SCUDETTO

LA STAGIONE DI OSIMHEN
È STATA UN VERO CAPOLAVORO.
C'È IL SUO SEGNO SU QUESTO SCUDETTO

Un Napoli da 10

DA MISTER SPALLETTI A OSIMHEN E KVARA: ECCO LE PAGELLE DI TUTTI I PROTAGONISTI DEL TERZO SCUDETTO AZZURRO

di **G.B. Olivero**

La squadra

NAPOLI

10

Il primo scudetto senza Diego, ma Diego in realtà c'è sempre. E l'omaggio più bello gliel'ha fatto la squadra meritando il voto più alto, quel 10 che fu proprio il numero di Maradona. Sul trionfo brillano soprattutto le firme di Spalletti, di Osimhen e di Kvaratskhelia, ma in realtà ogni componente ha portato un contributo eccezionale: i dirigenti che non hanno sbagliato una mossa, l'allenatore e il suo staff che hanno creato un meccanismo meraviglioso e tutto il gruppo, abile a vivere ogni partita come fosse quella decisiva e a mandare sul proscenio a turno ogni giocatore.

L'allenatore

LUCIANO SPALLETTI

9,5

La perfezione non esiste, forse, ma ci siamo quasi. Spalletti ha creato una squadra meravigliosa, che ha vinto divertendo, dominando e rallentando un po', ma solo un po', il ritmo quando lo scudetto era virtualmente sul petto. Non è stato tutto facile, non lo è mai: ma farlo apparire tale è un altro segno della grandezza del Napoli. Spalletti ha saputo sublimare le individualità nell'organizzazione: così ha esaltato i più bravi e spinto i cosiddetti gregari al di là dei propri limiti. Per il dieci in pagella, ripassare l'anno prossimo: quando il Napoli avrà la pressione di chi indossa il tricolore.

La difesa

ALEX MERET | 8

Portiere vecchio stile, nel senso che la sua prima preoccupazione è giustamente quella di non prendere gol. E se con i piedi non è così bravo, pazienza: alla costruzione possono pensarci tanti compagni. Ha svolto benissimo il suo mestiere, soprattutto considerando lo scetticismo iniziale. In estate il Napoli aveva fatto di tutto per affidare a qualcun altro la porta, ma la soluzione migliore era quella già in casa: le stagioni magiche nascono anche così. Rendimento ottimo, pochissime incertezze e una sensazione di sicurezza condivisa con i difensori.

KIM MIN-JAE | 9

Ha trattato sarcasmo e pregiudizi come ha fatto con gli attaccanti avversari: se li è messi in tasca e ha proseguito il suo cammino, fatto di scatti ad alta frequenza, di anticipi, di marcature assillanti e anche di qualche puntata nell'area avversaria. Un difensore coreano nella patria del difensivismo: figuriamoci. Invece prima è stato Ghostbuster (e il fantasma di Koulibaly è sparito in fretta) e poi è diventato Braveheart (paura di nessuno). Sempre a suo agio, ha capito in fretta il calcio italiano e le sue esigenze. Non si vergogna di spazzare in tribuna, quando occorre, perché il risultato viene prima di tutto. Perfetto.

AMIR RRAHMANI | 7,5

Il guardiano del faro non si è mai scomposto. Ha trovato rapidamente un'ottima intesa con Kim e ha svettato a centro area perdendo pochi duelli aerei. Difensore a cui piace ancora il contatto con l'attaccante da controllare, ha messo in luce una buona predisposizione alla marcatura vecchio stile: stopper nell'anima e lo vive giustamente come motivo di orgoglio. Bravo anche a sfruttare la sua fisicità e lo stacco aereo nell'area avversaria per segnare o per creare le premesse per il gol di un compagno. La sua continuità di rendimento è stata notevole.

GIOVANNI DI LORENZO | 9

Ha stracciato le etichette con la stessa veemenza con la quale ha percorso il campo su e giù centinaia di volte. Capitano, terzino, regista aggiunto, attaccante all'occorrenza: di tutto un po', perché Di Lorenzo è un giocatore totale. Quella fascia, un giorno lontano l'aveva indossata Diego Maradona. Sembrano due mondi diversi, ma Giovanni sa essere (non fare: essere) capitano come lo fu l'immenso argentino: una guida, una presenza costante, l'uomo da guardare per capire la strada da prendere. C'è stato sempre, nei (pochi) momenti difficili anche di più.

MARIO RUI | 8

Stagione magica in cui ha alzato il livello con grande naturalezza e continuità. Come Pollicino, ha lasciato segni evidenti del suo passaggio: non briciole di pane, ma cross e assist, soprattutto in un girone d'andata fantastico. Se dalla parte opposta Di Lorenzo stringeva a fare quasi il regista aggiunto, sulla sinistra lui stava sempre largo portando via un uomo a Kvaratskhelia e diventando tatticamente preziosissimo. E il piede sinistro ha dipinto traversoni perfetti per gli attaccanti. A 31 anni ha scritto il capitolo più bello della carriera.

MATHIAS OLIVERA | 7

Fisico e tecnica, buona spinta, qualche ingenuità tattica su cui lavorare e un ruolo tutt'altro che marginale in questo campionato trionfale: la sua prima stagione italiana ha contorni colorati. L'uruguaiano ha fatto una buona impressione a Spalletti, che l'ha premiato di più in Champions (5 presenze dal primo minuto) che in Serie A. Inizialmente chiuso da Mario Rui, che per una lunga fase ha offerto un rendimento splendido, ha saputo meritare uno spazio significativo. Il suo acquisto ha allungato la panchina e già nella prossima stagione è probabile che aumenteranno le gare da titolare.

JUAN JESUS | 7

Forse ha trovato la sua collocazione ideale. Gli manca qualcosa per essere titolare inamovibile di una squadra in lotta per lo scudetto, ma è perfetto come prima alternativa tra i centrali difensivi. Quando Spalletti ha avuto bisogno di lui, la risposta è sempre stata buona. Il gol al Bologna si perde in mezzo alle mille prodezze dei frombolieri dell'attacco, ma è stato prezioso per il momento in cui è arrivato, sia di quella partita sia della stagione. E dietro ha sbagliato pochissimo.

LEO SKIRI OSTIGARD | 6

Poche presenze, quindi il voto non può che essere un'onesta sufficienza, però ha saputo manifestare una discreta sicurezza. Probabilmente avrebbe meritato di essere inserito più spesso, come ha dimostrato quando Spalletti lo schierò in Champions ad Anfield contro il Liverpool: non ha tremato lì, non ha tremato mai. Affidabile, anche se ovviamente deve essere messo alla prova in contesti più complicati.

Il centrocampo

STANISLAV LOBOTKA | 9

Se Osimhen è la potenza del motore e Kvara rappresenta le gomme che portano il Napoli dappertutto, la chiave di accensione è il piccolo regista che non perde un pallone. Rendimento clamoroso in tutto il campionato, grande capacità di far girare la squadra e di trovare sempre la soluzione giusta in un attimo. Hanno provato a controllarlo a uomo, ma Lobotka si portava il suo marcatore in giro per il campo. Bravissimo nel gioco corto, ma anche nel verticalizzare, ha saputo prendersi sempre la responsabilità di iniziare la manovra dal basso anche accettando qualche rischio.

ANDRÉ ZAMBO ANGUISSA | 8,5

L'amico che è sempre al tuo fianco e del quale scopri l'importanza all'improvviso. Il compagno ideale perché non ti lascia mai da solo e che spunta fuori nel momento in cui non puoi fare a meno di lui. Enorme fisicità, ma anche buona lettura delle situazioni di gioco, efficacia nelle due fasi. Se davanti si sono divertiti per l'intera stagione, è anche perché lui copriva le spalle a tutti. Nel presepe dello scudetto la sua statuetta non può mancare ed è tra le più vicine alla capanna. Anche perché i non autorizzati non riuscirebbero a passare.

PIOTR ZIELINSKI | 8

Talmente bello in certe giocate e in tante partite da far passare quasi in secondo piano l'enorme utilità. Centrocampista totale, che definire mezzala è quasi riduttivo. Piedi da trequartista, polmoni da mediano, interpretazioni da regista, ha saputo fare ciò che serviva in ogni momento. E spesso erano cose diverse. Ha capito rapidamente che in questa stagione la vetrina spettava ad altri e si è adeguato con sorprendente generosità. Logico un piccolo calo nel ritorno, visto anche che era tra i pochi della squadra ad aver fatto il Mondiale. Tra i migliori attori non protagonisti.

ELJIF ELMAS | 7,5

Il dodicesimo perfetto, perché lo puoi mettere più o meno dappertutto e al posto di chiunque e sai che non ti deluderà. Mezzala, mediano, esterno offensivo, perfino falso nove, il macedone ha gran dinamismo e acuta intelligenza tattica, ma anche la tecnica è da giocatore di livello. Ha capito l'importanza del suo ruolo nel Napoli e ha saputo rendersi fondamentale non solo con prestazioni inappuntabili, ma anche con gol pesanti. Dopo Osimhen e Kvara, è il miglior marcatore della squadra e le reti contro Lecce, Udinese e Atalanta sono state decisive per il risultato.

TANGUY NDOMBELE | 6,5

Il tredicesimo della squadra, perché è entrato quasi sempre raccogliendo addirittura più presenze di alcuni titolari. Un ruolo fondamentale, quindi, perché ha fatto rifiatare i compagni che correvano di più portando sempre un contributo discreto. Tecnicamente inferiore agli altri centrocampisti, ha messo sul campo le sue qualità di corsa e interdizione. L'errore che favorisce la fuga di Leao in Champions League non deve cancellare quanto di positivo è riuscito a fare in campionato.

DIEGO DEMME | 6

Sufficienza di stima, visto che il minutaggio è davvero bassissimo e non consente la stesura di una pagella collegata al rendimento in campo. Fare il vice Lobotka quest'anno sarebbe stato impossibile per chiunque, perché Spalletti non rinunciava mai al regista titolare e perché le caratteristiche sono comunque diverse. L'esperienza di questo scudetto resterà anche nel suo cuore oltre che nel curriculum.

L'attacco

VICTOR OSIMHEN | 9,5

L'uomo mascherato sembra proprio un super eroe, di quelli che piacciono tanto ai bambini perché spaccano gli avversari ma poi hanno un bel sorriso e il cuore grande. Osimhen ha completato la maturazione diventando più di un semplice centravanti: adesso è un attaccante trascinante, che ama avere gli spazi per andare in profondità, ma sa essere implacabile anche in un'area affollata. Di testa è quasi immarcabile e non c'è nulla di più confortante per i compagni di buttare un pallone in cielo come fosse una preghiera. Victor, quest'anno, ha sempre saputo come esaudirle.

KHVICHA KVARATSKHELIA | 9,5

Non ricordiamo in tempi recenti un giocatore che abbia avuto un simile impatto sulla Serie A: strabiliante. Kvara ci ha rubato il cuore per la leggerezza del suo calcio danzato, che però ha l'imprescindibile pregio della concretezza. Gol, assist e una costante manifestazione di superiorità: il georgiano è stato dominante. Ha segnato il primo gol stagionale del Napoli, era ferragosto e qualcuno pensò che si trattasse ancora di pallone estivo. Invece era già calcio sublime, con quel dribbling che disorientava tutti e il tiro in controtempo che batteva il portiere prima ancora che la palla partisse dal piede. Un incanto.

HIRVING LOZANO | 7,5

Ha percorso quel binario centinaia di volte con un'intensità commovente. E una generosità emblematica del suo apporto alla causa: volava in avanti con entusiasmo, ma poi recuperava all'indietro con lucida abnegazione contribuendo all'ottima fase difensiva. Magari a volte ripetitivo nelle soluzioni, ma sempre pronto a scattare per dare uno sfogo immediato al fraseggio orchestrato da Lobotka. Lontano dal record di gol di due anni fa, ma questa era una squadra diversa che aveva bisogno di un lavoro diverso. E lui l'ha svolto benissimo.

MATTEO POLITANO | 7,5

Titolare al 45%, perché il 55% è di Lozano, ha illuminato con dribbling, corse e assist alcune partite e in generale la stagione più significativa della sua carriera, perché quelle giocate, che porta dentro di sé da sempre, stavolta erano funzionali a un risultato storico. Dalla destra ha fatto partire tanti palloni invitanti per Osimhen, anche perché erano di difficile lettura per i difensori avversari. Ci ha messo qualità e intraprendenza, ma pure parecchia quantità non disdegnando molte rincorse nella propria metà campo.

GIOVANNI SIMEONE | 7,5

La garra, mamma mia. Si è fatto bastare i pochi minuti avuti a disposizione per incidere in modo evidente sullo scudetto. Famelico, scatenato. Tre gol pesantissimi in momenti diversi della stagione: a settembre a San Siro in casa dei campioni del Milan, a ottobre a Cremona quando mancava poco alla fine e la partita non si sbloccava, a gennaio al Maradona contro la Roma. Tre gol che hanno regalato vittorie importanti per la classifica e anche per la testa, perché ciascuno di loro ha avuto un significato particolare. Gran riserva, come i vini che assapori e non dimentichi più.

GIACOMO RASPADORI | 7

Il suo campionato è raccolto in due momenti di estasi individuale e collettiva: i gol allo Spezia e alla Juve. Il primo non lo troverete negli highlights della stagione, ma rappresenta uno di quegli episodi che restano negli spogliatoi come poster attaccati alla parete. Era il 10 settembre, il Napoli aveva vinto una sola delle ultime tre partite e la gara precedente al Maradona era finita 1-1 contro il Lecce. Quel rasoterra fu il primo segnale tangibile che fosse l'anno buono. La rete al 93' allo Stadium con la Juve è invece il punto esclamativo sullo scudetto, l'inizio dell'apoteosi tricolore. E per Jack il giusto premio dopo tanta panchina e il lungo infortunio.

***Altri:** Bartosz Bereszynski, Gianluca Gaetano, Pierluigi Gollini, Salvatore Sirigu, Alessandro Zanoli, Karim Zedadka, Alessio Zerbin s.v.*

I GIOCATORI DEL NAPOLI SI ABBRACCIANO
DOPO UNO DEI TANTI GOL IN CAMPIONATO

Il film del campionato

DALL'ESORDIO A VERONA FINO ALLA VITTORIA ARITMETICA DELLO SCUDETTO ARRIVATA DOPO LA SFIDA CONTRO L'UDINESE. PARTITE, TABELLINI E PAGELLE PER RIPERCORRERE LA STAGIONE CHE HA PORTATO IL NAPOLI AL TERZO TRICOLORE

Hellas Verona

VS

Napoli

2 – 5

primo tempo ***1-2***

Marcatori

LASAGNA (V) 29′, **KVARATSKHELIA** (N) 37′, **OSIMHEN** (N) 48′ P.T.; **HENRY** (V) 3′, **ZIELINSKI** (N) 10′, **LOBOTKA** (N) 20′, **POLITANO** (N) 34′ S.T.

Hellas Verona (3-5-2)

MONTIPÒ	5,5
DAWIDOWICZ	5
GUNTER	5
AMIONE	4
(DAL 14′ S.T. RETSOS	5)
FARAONI	5
TAMEZE	5
HONGLA	5,5
(DAL 22′ S.T. BARAK	5)
ILIC	5
LAZOVIC	4,5
HENRY	6
(DAL 22′ S.T. PICCOLI	5)
LASAGNA	6,5
(DAL 27′ S.T. DJURIC	5)
ALLENATORE CIOFFI	4,5

Napoli (4-3-3)

MERET	6
DI LORENZO	7
RRAHMANI	6
KIM	6,5
MARIO RUI	6,5
(DAL 38′ S.T. OLIVERA	S.V.)
ANGUISSA	6,5
LOBOTKA	7,5
ZIELINSKI	7
(DAL 31′ S.T. ZERBIN	S.V.)
LOZANO	7,5
(DAL 31′ S.T. POLITANO	6,5)
OSIMHEN	6,5
(DAL 38′ S.T. OUNAS	S.V.)
KVARATSKHELIA	7
(DAL 23′ S.T. ELMAS	6)
ALLENATORE SPALLETTI	7

ARBITRO ***FABBRI DI RAVENNA***

1ª GIORNATA

15 AGOSTO 2022

BUONA LA PRIMA

LA SQUADRA DI SPALLETTI COMINCIA IL CAMPIONATO IMPONENDOSI 5-2 SUL CAMPO DEL VERONA. IL NUOVO ACQUISTO KVARATSKHELIA È AUTORE DELLA RETE CHE SBLOCCA IL MATCH. A SEGNO ANCHE OSIMHEN, ZIELINSKI, LOBOTKA E POLITANO

PER KVARATSKHELIA NON POTEVA ESSERCI ESORDIO MIGLIORE IN SERIE A: PRIMO GOL E PRIMI TRE PUNTI IN CLASSIFICA PER IL NAPOLI

DOPO IL PAREGGIO DI KVARATSKHELIA, OSIMHEN METTE IN RETE IL PALLONE DEL MOMENTANEO 2-1 PER GLI AZZURRI DI SPALLETTI

LA SVOLTA DEL MATCH: ZIELINSKI REALIZZA LA RETE DEL 3-2 PER IL NAPOLI E RIPORTA GLI AZZURRI IN VANTAGGIO

LA GIOIA DI LOBOTKA, AUTORE DEL QUARTO GOL DEL NAPOLI

POLITANO ESULTA: HA REALIZZATO IL GOL DEL 5-2

IL MIGLIORE

7,5

LOBOTKA

Lo slovacco continua a crescere: chi avrebbe mai immaginato un rendimento così quando è arrivato? Possesso, manovra, appoggio fisso per i compagni, una regia intelligente, alla Pirlo, ci si perdoni il riferimento, con in più un gran gol. Indispensabile

Napoli
VS
Monza

4 – 0

primo tempo ***2-0***

Marcatori

KVARATSKHELIA 35', **OSIMHEN** 46' P.T.;
KVARATSKHELIA 17', **KIM** 48' S.T.

Napoli (4-3-3)

MERET	6
DI LORENZO	6,5
RRAHMANI	6,5
KIM	7
MARIO RUI	6,5
(DAL 25' S.T. OLIVERA	6)
ANGUISSA	7
LOBOTKA	7
(DAL 33' S.T. ZERBIN	S.V.)
ZIELINSKI	7
LOZANO	6,5
(DAL 33' S.T. POLITANO	S.V.)
OSIMHEN	7
(DAL 39' S.T. OUNAS	S.V.)
KVARATSKHELIA	8
(DAL 25' S.T. ELMAS	6)
ALLENATORE SPALLETTI	7

Monza (3-5-2)

DI GREGORIO	5,5
MARLON	5
A. RANOCCHIA	5
(DAL 3' S.T. ANTOV	5)
CARBONI	4,5
BIRINDELLI	5,5
(DAL 39' S.T. COLPANI	S.V.)
F. RANOCCHIA	5,5
(DAL 13' S.T. VALOTI	5)
BARBERIS	5
SENSI	6
D'ALESSANDRO	5,5
(DAL 1' S.T. MOLINA	5)
CAPRARI	5
PETAGNA	5,5
(DAL 39' S.T. GYTKJAER	S.V.)
ALLENATORE STROPPA	5

ARBITRO ***FOURNEAU DI ROMA***

2ª GIORNATA

21 AGOSTO 2022

CHE SHOW AL MARADONA

NELLA PRIMA PARTITA DAVANTI AL PROPRIO PUBBLICO IL NAPOLI SCONFIGGE 4-0 IL MONZA DI BERLUSCONI. È ANCORA KVARA A INCANTARE SEGNANDO DUE RETI E MOSTRANDO UN'OTTIMA INTESA CON OSIMHEN (AUTORE DEL SECONDO CENTRO). CHIUDE I CONTI KIM CHE DI TESTA REALIZZA IL PRIMO GOL IN SERIE A

ANCHE CONTRO IL MONZA È KVARATSKHELIA A SBLOCCARE LA PARTITA

OSIMHEN FESTEGGIA IL 2-0 TOGLIENDOSI LA MASCHERA DA "SUPEREROE"

IL MIGLIORE

8

KVARATSKHELIA

Il georgiano ha già segnato di testa, sinistro e destro. Decisivo e bello da vedere. E può migliorare tanto

IL GEORGIANO INCANTA IL MARADONA E REALIZZA LA PRIMA DOPPIETTA IN A: CON I NAPOLETANI È GIÀ AMORE

IL COLPO DI TESTA CON CUI IL DIFENSORE COREANO KIM REALIZZA IL DEFINITIVO 4-0: IL MONZA È TRAVOLTO

Fiorentina
VS
Napoli
0 – 0

3ª GIORNATA

28 AGOSTO 2022

A RETI BIANCHE

LA SFIDA CON LA FIORENTINA FINISCE CON UN PAREGGIO. IL NAPOLI DI SPALLETTI QUESTA VOLTA NON BRILLA E NON RIESCE A TROVARE IL GOL. LE NOTE POSITIVE ARRIVANO DALLA DIFESA: MERET CHIUDE CON LA PORTA INVIOLATA

Fiorentina *(4-3-3)*

GOLLINI	6,5
DODÒ	7
MILENKOVIC	7
QUARTA	5
(DAL 35′ S.T. IGOR	6)
BIRAGHI	6
(DAL 35′ S.T. TERZIC	S.V.)
BONAVENTURA	6
(DAL 24′ S.T. MALEH	6)
AMRABAT	7,5
BARAK	6,5
IKONÈ	6
(DAL 14′ S.T. KOUAME	6,5)
JOVIC	5
SOTTIL	6,5
(DAL 35′ S.T. SAPONARA	S.V.)
ALLENATORE ITALIANO	7

Napoli *(4-3-3)*

MERET	6
DI LORENZO	6
RRAHMANI	6
KIM	7
MARIO RUI	6
ANGUISSA	6,5
LOBOTKA	6
(DAL 33′ S.T. NDOMBELE	S.V.)
ZIELINSKI	6
(DAL 16′ S.T. ELMAS	6)
KVARATSKHELIA	6
(DAL 16′ S.T. RASPADORI	6,5)
OSIMHEN	6
(DAL 32′ S.T. SIMEONE	S.V.)
LOZANO	5,5
(DAL 26′ S.T. POLITANO	6)
ALLENATORE SPALLETTI	6,5

ARBITRO ***MARINELLI DI TIVOLI***

AL FRANCHI SPALLETTI DÀ INDICAZIONI AI SUOI GIOCATORI IN CAMPO

UN DUELLO ANGUISSA-AMRABAT: DUE DEI MIGLIORI CENTROCAMPISTI DELLA A

IL MIGLIORE

7

KIM

I cross li calamita tutti. Quando mette il muso in avanti crea scompiglio. Delizioso un lancio per Zielinski. In chiusura spaventa gli avversari

4ª GIORNATA

31 AGOSTO 2022

PASSO FALSO A SORPRESA

CONTRO IL LECCE GLI AZZURRI SI DEVONO ACCONTENTARE DI UN ALTRO PARI. AVANTI CON ELMAS, IL NAPOLI È RIPRESO DA UN SUPER GOL DI COLOMBO, CHE PRIMA AVEVA SBAGLIATO UN RIGORE

IL TUFFO DI MERET CHE PARA IL RIGORE CALCIATO DA COLOMBO

ELMAS FESTEGGIA DOPO AVER REALIZZATO LA RETE DEL PROVVISORIO 1-0

IL MIGLIORE

6,5

KIM

Qualche chiusura importante. Quando parte avanti lo fa con giudizio. Dà un grande senso di solidità e affidabilità

Napoli VS Lecce

1 – 1

primo tempo **1-1**

Marcatori

ELMAS (N) 27′, **COLOMBO** (L) 31′ P.T.

Napoli (4-2-3-1)

MERET	6,5
DI LORENZO	5,5
KIM	6,5
OSTIGARD	6,5
OLIVERA	6
ANGUISSA	6
(DAL 40′ S.T. SIMEONE	S.V.)
NDOMBELE	5
(DAL 1′ S.T. LOBOTKA	6)
POLITANO	6,5
(DAL 31′ S.T. LOZANO	S.V.)
RASPADORI	5,5
(DAL 1′ S.T. ZIELINSKI	6)
ELMAS	6
(DALL'11′ S.T. KVARATSKHELIA	6)
OSIMHEN	5
ALLENATORE SPALLETTI	5,5

Lecce (4-3-3)

FALCONE	6,5
GENDREY	6,5
TUIA	6,5
BASCHIROTTO	7
PEZZELLA	5,5
HELGASON	6,5
(DAL 1′ S.T. GONZALEZ	6)
HJULMAND	7
ASKILDSEN	6,5
(DAL 17′ S.T. BLIN	6)
DI FRANCESCO	6
(DAL 17′ S.T. STREFEZZA	6)
COLOMBO	7
(DAL 25′ S.T. CEESAY	6)
BANDA	7
(DAL 30′ S.T. LISTKOWSKI	S.V.)
ALLENATORE BARONI	7

ARBITRO **MARCENARO DI GENOVA**

Lazio
VS
Napoli
1 - 2
primo tempo ***1-1***

Marcatori

ZACCAGNI (L) 4', **KIM** (N) 38' P.T.;
KVARATSKHELIA (N) 16' S.T.

Lazio (4-3-3)

PROVEDEL	7
LAZZARI	5,5
(DAL 39' S.T. HYSAJ	S.V.)
PATRIC	6
ROMAGNOLI	6
MARUSIC	5,5
MILINKOVIC	6,5
CATALDI	6
(DAL 30' S.T. BASIC	6)
LUIS ALBERTO	5,5
(DAL 9' S.T. VECINO	6)
F. ANDERSON	6,5
(DAL 39' S.T. CANCELLIERI	S.V.)
IMMOBILE	5,5
ZACCAGNI	6,5
(DAL 9' S.T. PEDRO	6,5)
ALLENATORE SARRI	6

Napoli (4-3-3)

MERET	6,5
DI LORENZO	6,5
RRAHMANI	7
KIM	7,5
MARIO RUI	6
(DAL 48' S.T. OLIVERA	S.V.)
ANGUISSA	6,5
LOBOTKA	6,5
(DAL 48' S.T. NDOMBELE	S.V.)
ZIELINSKI	7
(DAL 23' S.T. ELMAS	6)
LOZANO	6
(DAL 49' P.T. POLITANO	7)
OSIMHEN	7
KVARATSKHELIA	7,5
(DAL 23' S.T. RASPADORI	6)
ALLENATORE SPALLETTI	7

ARBITRO ***SOZZA DI SEREGNO***

5ª GIORNATA

3 SETTEMBRE 2022

SI TORNA ALLA VITTORIA

CONTRO LA LAZIO DELL'EX SARRI LA "BANDA SPALLETTI" CONQUISTA UNA VITTORIA IMPORTANTE. SOTTO AL 4' (GOL DI ZACCAGNI), IL NAPOLI NON SI DISUNISCE E PRIMA TROVA IL PAREGGIO CON KIM, POI FA SUOI I TRE PUNTI GRAZIE AL 2-1 DI KVARATSKHELIA

IL SALUTO AFFETTUOSO TRA SPALLETTI E SARRI PRIMA DEL MATCH

ZACCAGNI REALIZZA LA RETE CHE PORTA I BIANCOCELESTI SULL'1-0

L'INCORNATA DI KIM: IL PALLONE SUPERA LA LINEA DI PORTA. È IL GOL DEL PAREGGIO DEL NAPOLI E IL SECONDO PERSONALE

CAPITAN DI LORENZO FESTEGGIA CON KVARATSKHELIA DOPO LA RETE DEL 2-1. IL GEORGIANO È L'UOMO NUOVO DEL TORNEO

IL MIGLIORE

7,5

KVARATSKHELIA

Suona la carica dopo mezz'ora amorfa, prima con un tiro centrale e poi colpendo il palo. Nella ripresa divora un gol ma poi segna quello decisivo. Miglior giocatore d'agosto. Capocannoniere. Che si vuole di più?

Napoli
VS
Spezia
1 – 0
primo tempo **0-0**

Marcatore
RASPADORI 44' S.T.

Napoli (4-3-3)

MERET	6
DI LORENZO	6
RRAHMANI	6,5
JUAN JESUS	6,5
MARIO RUI	6
ANGUISSA	6
(DAL 13' S.T. ZIELINSKI	6)
NDOMBELE	5
(DAL 1' S.T. LOBOTKA	6,5)
ELMAS	5,5
(DAL 30' S.T. GAETANO	6)
POLITANO	6
(DAL 13' S.T. LOZANO	6)
RASPADORI	6,5
KVARATSKHELIA	6
(DAL 23' S.T. SIMEONE	6)
ALLENATORE SPALLETTI	6

Spezia (3-4-1-2)

DRAGOWSKI	6
AMPADU	6
(DAL 25' S.T. HRISTOV	5,5)
KIWIOR	6
NIKOLAOU	6
HOLM	6,5
BOURABIA	6
(DAL 25' S.T. ELLERTSSON	6)
S. BASTONI	6
(DAL 18' S.T. KOVALENKO	5,5)
RECA	6
AGUDELO	6
(DAL 36' S.T. SALA	S.V.)
NZOLA	5,5
GYASI	6,5
ALLENATORE GOTTI	6,5

ARBITRO **SANTORO DI MESSINA**

6ª GIORNATA

10 SETTEMBRE 2022

CI PENSA RASPADORI

CONTRO LO SPEZIA SI RIVEDONO I "FANTASMI" DEL PASSATO, QUANDO IL NAPOLI SPESSO PERDEVA PUNTI CON SQUADRE IN LOTTA PER LA SALVEZZA. STAVOLTA PERÒ SPALLETTI PESCA IL JOLLY SCHIERANDO AL CENTRO DELL'ATTACCO IL RINFORZO ESTIVO RASPADORI: L'ATTACCANTE LO RIPAGA COL GOL VITTORIA

RRAHMANI IMPOSTA L'AZIONE. AL SUO FIANCO IN QUESTO MATCH JUAN JESUS

NELLA SFIDA CON I LIGURI LOBOTKA È STATO IL MIGLIORE IN CAMPO

IL MIGLIORE

6,5

LOBOTKA

Con lui in campo la squadra è più sicura e si muove con i sincronismi giusti. Bello ed efficace il cambio gioco di 40 metri che apre il campo a Lozano, nell'azione decisiva del gol di Raspadori

L'INCONTENIBILE GIOIA DI "JACK" RASPADORI DOPO IL GOL CHE DECIDE LA PARTITA E REGALA I TRE PUNTI AL NAPOLI

A FINE MATCH I GIOCATORI DEL NAPOLI FESTEGGIANO SOTTO LA CURVA. È TORNATO L'AMORE TRA LA SQUADRA E LA CITTÀ

Milan vs Napoli

1–2

primo tempo **0-0**

Marcatori

POLITANO (N) SU RIGORE 10', **GIROUD** (M) 24', **SIMEONE** (N) 33' S.T.

Milan (4-2-3-1)

MAIGNAN	6
CALABRIA	5,5
(DAL 1' S.T. DEST	5)
KJAER	5,5
(DAL 1' S.T. KALULU	6)
TOMORI	5
HERNANDEZ	7
BENNACER	6,5
TONALI	6
SAELEMAEKERS	6
(DAL 21' S.T. MESSIAS	6)
DE KETELAERE	6
(DAL 37' S.T. ADLI	S.V.)
KRUNIC	6,5
(DAL 21' S.T. DIAZ	6)
GIROUD	6,5
ALLENATORE PIOLI	6

Napoli (4-3-3)

MERET	7
DI LORENZO	6
RRAHMANI	6
KIM	6
MARIO RUI	7
(DAL 47' S.T. OLIVERA	S.V.)
ANGUISSA	7
LOBOTKA	6
ZIELINSKI	6
(DAL 42' S.T. NDOMBELE	S.V.)
POLITANO	6,5
(DAL 21' S.T. ZERBIN	6)
RASPADORI	5,5
(DAL 21' S.T. SIMEONE	7)
KVARATSKHELIA	7
(DAL 42' S.T. ELMAS	S.V.)
ALLENATORE DOMENICHINI	7

ARBITRO **MARIANI DI APRILIA**

7ª GIORNATA

18 SETTEMBRE 2022

COLPO GROSSO A SAN SIRO

IL NAPOLI AFFRONTA A MILANO I CAMPIONI D'ITALIA DEL MILAN. PER GLI AZZURRI È IL PRIMO TEST SCUDETTO E LA SQUADRA DI SPALLETTI TORNA A CASA CON TRE PUNTI FONDAMENTALI TANTO PER LA CLASSIFICA QUANTO PER IL MORALE. DOPO LA RETE DI POLITANO E IL PAREGGIO DI GIROUD, È SIMEONE A DECIDERE IL MATCH. E IL NAPOLI VOLA

UN DUELLO TUTTO QUALITÀ A CENTROCAMPO TRA ZIELINSKI E BENNACER

POLITANO CALCIA IL PALLONE E REALIZZA IL RIGORE CHE SBLOCCA IL MATCH

IL MIGLIORE

7

MERET

La parata sul tiro ravvicinato di Giroud è decisiva, evita che la sfida penda per i rossoneri. Eccellente pure su Messias. La traversa lo aiuta

GIROUD FESTEGGIA DOPO AVER REALIZZATO IL GOL DELL'1-1. LA RETE DEL FRANCESE NON BASTERÀ A EVITARE LA SCONFITTA

IL COLPO DI TESTA DI SIMEONE CHE DECIDE LA SFIDA DI SAN SIRO. IL NAPOLI È IN TESTA ASSIEME ALL'ATALANTA

Napoli vs Torino

3-1

primo tempo **3-1**

Marcatori

ANGUISSA (N) 6′ E 12′, **KVARATSKHELIA** (N) 37′, **SANABRIA** (T) 44′ P.T.

Napoli (4-3-3)

MERET	6,5
DI LORENZO	6
RRAHMANI	6,5
KIM	6
MARIO RUI	7
(DAL 36′ S.T. OLIVERA	S.V.)
ANGUISSA	8
LOBOTKA	7
ZIELINSKI	7
(DAL 17′ S.T. NDOMBELE	6)
POLITANO	6,5
(DAL 23′ S.T. LOZANO	6)
RASPADORI	6
(DAL 17′ S.T. SIMEONE	6)
KVARATSKHELIA	6,5
(DAL 36′ S.T. ELMAS	S.V.)
ALLENATORE SPALLETTI	7

Torino (3-4-1-2)

MILINKOVIC	5,5
DJIDJI	6
BUONGIORNO	5
RODRIGUEZ	5
(DAL 40′ S.T. SCHUURS	S.V.)
SINGO	5
(DAL 40′ S.T. KARAMOH	S.V.)
LUKIC	6
LINETTY	4,5
(DAL 29′ S.T. ADOPO	6)
LAZARO	5
(DAL 29′ S.T. AINA	5)
MIRANCHUK	5,5
(DAL 23′ S.T. RADONJIC	6,5)
SANABRIA	6,5
VLASIC	6
ALLENATORE JURIC	5

ARBITRO **MASSIMI DI TERMOLI**

8ª GIORNATA

1 OTTOBRE 2022

NEL SEGNO DI ANGUISSA

IL GRANDE PROTAGONISTA DELLA SFIDA DEL MARADONA CONTRO IL TORINO DI JURIC È IL CENTROCAMPISTA CAMERUNESE: DOPPIETTA IN 15′, PRIMA DEL 3-0 DI KVARATSKHELIA. IL TORO ACCORCIA CON SANABRIA MA NON BASTA

LA GIOIA DI ANGUISSA DOPO AVER REALIZZATO IL PRIMO GOL

IL MIGLIORE

8

ANGUISSA

Riscopre il dolce sapore del gol e gli piace così tanto da segnarne subito un altro. Colpisce di testa e di piede mettendo in discesa la partita. E in mezzo al campo sa sempre cosa fare. E come farlo

IL BACIO DI KVARATSKHELIA: IL GEORGIANO È L'IDOLO DEL MARADONA

9ª GIORNATA

9 OTTOBRE 2022

POKER A CREMONA

IL NAPOLI TRAVOLGE LA CREMONESE DIMOSTRANDO DI POTER FARE A MENO ANCHE DELL'INFORTUNATO OSIMHEN. SEGNANO POLITANO, SIMEONE, LOZANO E OLIVERA E GLI AZZURRI NON MOLLANO IL PRIMO POSTO IN CLASSIFICA

DOPO IL RIGORE DI POLITANO E IL PAREGGIO DI DESSERS CI PENSA SIMEONE

PRIMA DELLA FINE C'È GLORIA ANCHE PER L'URUGUAIANO OLIVERA

IL MIGLIORE

7,5

SIMEONE

Decide la gara con un gol bello e importante, proprio come accadde a San Siro. Avvia l'azione del 3-1 con un gran lancio. Ottimo impatto

Cremonese VS Napoli

1 – 4

primo tempo **0-1**

Marcatori

POLITANO (N) SU RIGORE 26' P.T.; **DESSERS** (C) 2', **SIMEONE** (N) 31', **LOZANO** (N) 48', **OLIVERA** (N) 50' S.T.

Cremonese (4-2-3-1)

RADU	6,5
SERNICOLA	5,5
BIANCHETTI	4,5
LOCHOSHVILI	6,5
QUAGLIATA	5,5
ASCACIBAR	6,5
(DAL 34' S.T. CIOFANI	S.V.)
MEITÉ	6,5
ZANIMACCHIA	5,5
(DAL 1' S.T. OKEREKE	6,5)
FELIX	5,5
(DAL 17' S.T. ESCALANTE	6)
VALERI	6
(DAL 28' S.T. BUONAIUTO	5,5)
DESSERS	6,5
(DAL 28' S.T. AIWU	6)
ALLENATORE ALVINI	6,5

Napoli (4-3-3)

MERET	6
DI LORENZO	7
RRAHMANI	7
(DAL 37' S.T. OSTIGARD	S.V.)
KIM	7
MARIO RUI	7
(DAL 37' S.T. OLIVERA	6)
ANGUISSA	6
LOBOTKA	6,5
NDOMBELE	6
(DAL 12' S.T. SIMEONE	7,5)
POLITANO	6
(DAL 28' S.T. LOZANO	6)
RASPADORI	6
(DAL 28' S.T. ZIELINSKI	6)
KVARATSKHELIA	6,5
ALLENATORE SPALLETTI	7,5

ARBITRO ***ABISSO DI PALERMO***

Napoli
VS
Bologna

3 - 2

primo tempo ***1-1***

Marcatori

ZIRKZEE (B) 41', **JUAN JESUS** (N) 45' P.T.; **LOZANO** (N) 4', **BARROW** (B) 6', **OSIMHEN** (N) 24' S.T.

Napoli (4-3-3)

MERET	5
DI LORENZO	6,5
KIM	6,5
JUAN JESUS	6,5
MARIO RUI	6
(DAL 31' S.T. OLIVERA	6)
NDOMBELE	6
(DAL 26' S.T. ELMAS	5,5)
LOBOTKA	7
(DAL 37' S.T. DEMME	S.V.)
ZIELINSKI	6,5
POLITANO	5,5
(DAL 1' S.T. LOZANO	7)
RASPADORI	6
(DAL 1' S.T. OSIMHEN	7)
KVARATSKHELIA	7,5
ALLENATORE SPALLETTI	7

Bologna (4-1-4-1)

SKORUPSKI	6,5
POSCH	5
(DAL 32' S.T. LYKOGIANNIS	5,5)
BONIFAZI	5
LUCUMI	5,5
CAMBIASO	6
(DAL 44' S.T. DE SILVESTRI	S.V.)
MEDEL	5,5
(DAL 26' S.T. MORO	6)
AEBISCHER	5,5
(DAL 32' S.T. SANSONE	5,5)
FERGUSON	6
DOMINGUEZ	6,5
BARROW	6,5
ZIRKZEE	6,5
ALLENATORE THIAGO MOTTA	6

ARBITRO ***COSSO DI REGGIO CALABRIA***

10ª GIORNATA

16 OTTOBRE 2022

SI SOFFRE, POI È FESTA

CONTRO IL BOLOGNA IL NAPOLI FATICA, MA RIESCE A FARE SUOI I TRE PUNTI. GLI AZZURRI VANNO SOTTO, RIMONTANO CON LE RETI DI JUAN JESUS E LOZANO, VENGONO RIPRESI DA BARROW PRIMA DEL GOL DECISIVO DI OSIMHEN, CHE FA ESPLODERE IL MARADONA

DUELLO TRA DURI: NDOMBELE, ARRIVATO IN ESTATE DAL TOTTENHAM, CONTRO MEDEL

IL BRASILIANO JUAN JESUS ESULTA DOPO AVER PORTATO IL NAPOLI SULL'1-1

IL MIGLIORE

7,5

KVARATSKHELIA

Sette gol e sei assist in stagione, continua a essere spiazzante quando parte palla al piede, gli avversari non riescono a fermarlo. Il lusso di qualche tunnel riuscito non è una colpa

L'ESTERNO MESSICANO LOZANO RIBALTA LA SITUAZIONE E SEGNA IL GOL DEL MOMENTANEO 2-1 DEGLI AZZURRI

CI PENSA OSIMHEN A DECIDERE IL MATCH SUPERANDO SKORUPSKI IN USCITA E INFILANDO IN RETE IL PALLONE DEL DEFINITIVO 3-2

Roma
VS
Napoli

0 – 1

primo tempo ***0-0***

11ª GIORNATA

23 OTTOBRE 2022

SPALLETTI PIEGA MOU

LA ROMA AFFRONTA A VISO APERTO IL NAPOLI E RIESCE A BLOCCARE GLI ATTACCANTI AZZURRI FINO ALL'80', QUANDO OSIMHEN SI LIBERA DI SMALLING E, DA POSIZIONE DEFILATA, INFILA RUI PATRICIO CON UN GRAN DESTRO

Marcatore

OSIMHEN 35' S.T.

Roma (3-4-1-2)

RUI PATRICIO	6
MANCINI	6
(DAL 37' S.T. EL SHAARAWY	S.V.)
SMALLING	6
IBANEZ	6
KARSDORP	5,5
(DAL 37' S.T. VINA	S.V.)
CRISTANTE	6
CAMARA	6,5
(DAL 37' S.T. MATIC	S.V.)
SPINAZZOLA	5,5
(DAL 40' S.T. SHOMURODOV	S.V.)
PELLEGRINI	6
ZANIOLO	6,5
ABRAHAM	5
(DAL 18' S.T. BELOTTI	5,5)
ALLENATORE MOURINHO	5

Napoli (4-3-3)

MERET	6
DI LORENZO	6
KIM	7
JUAN JESUS	6,5
OLIVERA	6
NDOMBELE	5,5
(DAL 12' S.T. ELMAS	6,5)
LOBOTKA	6
ZIELINSKI	6,5
(DAL 30' S.T. GAETANO	6,5)
LOZANO	6,5
(DAL 30' S.T. POLITANO	6,5)
OSIMHEN	7,5
KVARATSKHELIA	6
ALLENATORE SPALLETTI	7

ARBITRO ***IRRATI DI PISTOIA***

SPALLETTI, EX TECNICO DELLA ROMA, DÀ LE SUE INDICAZIONI A DI LORENZO

UN DUELLO MOLTO COMBATTUTO TRA L'INGLESE ABRAHAM E IL COREANO KIM

IL GRAN DESTRO DI OSIMHEN VALE IL SUCCESSO: IL NAPOLI DÀ UN ALTRO SEGNALE FORTE ALLE RIVALI SCUDETTO

L'ESULTANZA DELL'ATTACCANTE NIGERIANO DOPO LA RETE CHE HA PERMESSO ALLA SQUADRA DI SPALLETTI DI CONQUISTARE TRE PUNTI

IL MIGLIORE

7,5

OSIMHEN

Fatica con Smalling, ma non molla mai e lo fa anche ammonire. Poi da grande centravanti, alla prima distrazione dell'inglese, pur con poco specchio, segna un gran gol

Napoli
VS
Sassuolo
4 – 0
primo tempo ***3-0***

Marcatori
OSIMHEN 4' E 19', **KVARATSKHELIA** 36' P.T.;
OSIMHEN 32' S.T.

Napoli (4-3-3)

MERET	7
DI LORENZO	6,5
(DAL 34' S.T. ZANOLI	S.V.)
KIM	7
JUAN JESUS	6,5
MARIO RUI	7,5
ANGUISSA	6
(DALL'11' S.T. NDOMBELE	6,5)
LOBOTKA	7
(DAL 34' S.T. DEMME	S.V.)
ZIELINSKI	6
(DALL'11' S.T. ELMAS	6)
LOZANO	6,5
OSIMHEN	8,5
KVARATSKHELIA	8
(DAL 26' S.T. RASPADORI	6)
ALLENATORE SPALLETTI	8

Sassuolo (4-3-3)

CONSIGLI	5,5
TOLJAN	5
ERLIC	5
FERRARI	5
ROGERIO	5
FRATTESI	5,5
(DAL 41' S.T. HARROUI	S.V.)
LOPEZ	5
(DAL 33' S.T. OBIANG	S.V.)
THORSTVEDT	5
(DAL 20' S.T. HENRIQUE	5,5)
CEIDE	4,5
(DAL 1' S.T. TRAORÉ	5)
PINAMONTI	6
(DAL 20' S.T. ALVAREZ	5,5)
LAURIENTÉ	5,5
ALLENATORE DIONISI	5

ARBITRO ***RAPUANO DI RIMINI***

12ª GIORNATA
29 OTTOBRE 2022

PROVA DI FORZA
GLI AZZURRI DI SPALLETTI SCHIANTANO IL SASSUOLO RIFILANDO QUATTRO RETI AI NEROVERDI. PROTAGONISTA ASSOLUTO È OSIMHEN, AUTORE DI UNA TRIPLETTA, A CUI SI AGGIUNGE IL GOL FINALE DI KVARA. L'ATTACCO DEL NAPOLI INCANTA E I TIFOSI SOGNANO

OSIMHEN TOGLIE LA MASCHERA ED ESULTA DOPO IL PRIMO GOL REALIZZATO CONTRO IL SASSUOLO

IL MIGLIORE
8,5
OSIMHEN
Sembra volere recuperare il tempo perduto per l'infortunio. Sei reti nelle ultime quattro partite, non si accontenta mai. Con il suo blitz (doppietta in 19 minuti) la partita è subito in discesa per il Napoli

CONTRO GLI EMILIANI MARIO RUI HA GIOCATO UNA GARA PRATICAMENTE PERFETTA

LA SOLITA TERRIBILE ACCELERATA E IL GOL: È DI KVARATSKHELIA LA TERZA RETE REALIZZATA DAGLI AZZURRI

OSIMHEN SUPERA CONSIGLI PER IL 4-0 FINALE: RIENTRATO DALL'INFORTUNIO, IL NIGERIANO SI È FATTO SUBITO SENTIRE

Atalanta
VS
Napoli
1 – 2
*primo tempo **1-2***

Marcatori

LOOKMAN (A) SU RIGORE 19', **OSIMHEN** (N) 23', **ELMAS** (N) 35' P.T.

Atalanta (3-4-1-2)

MUSSO	6
TOLOI	7
DEMIRAL	5
SCALVINI	6
HATEBOER	5
(DAL 41' S.T. SOPPY	S.V.)
KOOPMEINERS	6
(DAL 36' S.T. DE ROON	S.V.)
EDERSON	6,5
MAEHLE	7
PASALIC	6
(DAL 25' S.T. MALINOVSKYI	6)
HOJLUND	5
(DAL 25' S.T. ZAPATA	6)
LOOKMAN	7
(DAL 36' S.T. BOGA	S.V.)
ALLENATORE GASPERINI	7

Napoli (4-3-3)

MERET	7
DI LORENZO	6
KIM	6,5
JUAN JESUS	6,5
OLIVERA	6,5
ANGUISSA	7,5
(DAL 48' S.T. GAETANO	S.V.)
LOBOTKA	7
ZIELINSKI	7
(DAL 19' S.T. NDOMBELE	6,5)
LOZANO	5,5
(DAL 19' S.T. POLITANO	6,5)
OSIMHEN	7,5
(DAL 30' S.T. SIMEONE	6)
ELMAS	7
(DAL 48' S.T. ZERBIN	S.V.)
ALLENATORE SPALLETTI	7,5

ARBITRO ***MARIANI DI APRILIA***

13ª GIORNATA

5 NOVEMBRE 2022

ANCHE GASP SI ARRENDE

IL NAPOLI È UN TRENO: PASSA ANCHE A BERGAMO DOPO ESSER ANDATO SOTTO CON UN RIGORE REALIZZATO DA LOOKMAN. MA SPALLETTI RIBALTA LA PARTITA GIÀ NEL PRIMO TEMPO GRAZIE A OSIMHEN ED ELMAS

OSIMHEN VOLA PIÙ IN ALTO DI TUTTI E REALIZZA L'1-1 BATTENDO MUSSO

IL MIGLIORE

7,5

OSIMHEN

Va oltre la "sbracciatina" del rigore, prima con l'1-1 in elevazione e poi con la straordinaria fuga che frutta l'1-2. Sembra la Cosa dei Fantastici 4

L'ESULTANZA DI ELMAS CHE CON IL 2-1 GELA LETTERALMENTE IL GEWISS STADIUM

14ª GIORNATA

8 NOVEMBRE 2022

IL DECIMO SUCCESSO DI FILA

IL NAPOLI SI SBARAZZA ANCHE DELL'EMPOLI E AUMENTA IL SUO VANTAGGIO IN CLASSIFICA. QUESTA VOLTA NON VANNO IN RETE OSIMHEN E KVARA MA CI PENSANO LOZANO (RIGORE) E ZIELINSKI A CONSEGNARE ALTRI 3 PUNTI AGLI AZZURRI

IL MESSICANO LOZANO SBLOCCA LA PARTITA SU RIGORE SUPERANDO VICARIO

IL MIGLIORE

7,5

LOZANO

L'uomo della svolta. Affonda la lama sulla destra, trasforma il rigore – con tremolio –, porta al rosso di Luperto e innesca il gol di Zielinski

La Gazzetta dello Sport

Tuttoilrosa della vita

Un Toro da rilancio contro la Samp
L'Atalanta a Lecce con Zapata titolare

A RAPPORTO DA INZAGHI

I bonus sono finiti Il tecnico avvisa: Inter, così non va

URAGANO MOURINHO

«Roma peggiorata E Abraham pensa al Qatar...»

MISTERO VLAHOVIC

La Juve in ansia È ancora a rischio per la pubalgia

DECIMO SUCCESSO CONSECUTIVO

+8

FUGONA NAPOLI

L'Empoli resiste quasi 70' Spalletti cambia e vince Da Lozano e Zielinski le reti che fanno il vuoto Zanetti: «Erano incartati, poi quel rigorino...»

PARI A CREMONA PIOLI PREOCCUPATO

FRENATONA MILAN

IL ROMPIPALLONE

Minacce e cori nelle curve Governo pronto a muoversi

Avanti Savoia Il principe rileva la squadra col suo nome

Kakà «Vi spiego perché Neymar vincerà il Mondiale»

ZIELINSKI ESULTA FORMANDO CON LE MANI UN CUORE DOPO LA RETE DEL DEFINITIVO 2-0

Napoli vs Empoli

2 – 0

primo tempo ***0-0***

Marcatori

LOZANO SU RIGORE 24', **ZIELINSKI** 43' S.T.

Napoli *(4-3-3)*

MERET	6
DI LORENZO	7
OSTIGARD	6
KIM	6,5
MARIO RUI	5,5
ANGUISSA	6
LOBOTKA	6,5
(DAL 45' S.T. DEMME	S.V.)
NDOMBELE	5,5
(DAL 19' S.T. ZIELINSKI	7)
POLITANO	5,5
(DAL 19' S.T. LOZANO	7,5)
OSIMHEN	6,5
(DAL 45' S.T. SIMEONE	S.V.)
RASPADORI	5,5
(DAL 19' S.T. ELMAS	6)
ALLENATORE SPALLETTI	6,5

Empoli *(4-3-1-2)*

VICARIO	6,5
STOJANOVIC	6
ISMAJLI	6,5
LUPERTO	5
PARISI	5
HAAS	5,5
(DAL 14' S.T. AKPA AKPRO	5,5)
MARIN	5
(DAL 40' S.T. EKONG	S.V.)
BANDINELLI	6
(DAL 28' S.T. GRASSI	6)
BALDANZI	6
(DAL 28' S.T. HENDERSON	5,5)
SATRIANO	5
(DAL 14' S.T. LAMMERS	6)
BAJRAMI	6
ALLENATORE ZANETTI	6

ARBITRO ***PAIRETTO DI NICHELINO***

Napoli vs Udinese

3 – 2

primo tempo ***2-0***

Marcatori

OSIMHEN (N) 15', **ZIELINSKI** (N) 31' P.T.; **ELMAS** (N) 13', **NESTOROVSKI** (U) 34', **SAMARDZIC** (U) 37' S.T.

Napoli (4-3-3)

MERET	6,5
DI LORENZO	6
KIM	5
JUAN JESUS	5,5
(DAL 15' S.T. OSTIGARD	6)
OLIVERA	6
(DAL 1' S.T. MARIO RUI	5)
ANGUISSA	7
LOBOTKA	7
ZIELINSKI	7
(DAL 22' S.T. NDOMBELE	5)
LOZANO	6
(DAL 15' S.T. POLITANO	6)
OSIMHEN	7,5
ELMAS	7,5
ALLENATORE SPALLETTI	6,5

Udinese (3-5-2)

SILVESTRI	6
PEREZ	5
BIJOL	4,5
EBOSSE	6
EHIZIBUE	4,5
LOVRIC	6,5
WALACE	5
(DAL 26' S.T. JAJALO	6)
ARSLAN	5
(DALL'11' S.T. SAMARDZIC	6,5)
PEREYRA	5
DEULOFEU	6,5
(DAL 26' P.T. SUCCESS	6)
BETO	6
(DAL 26' S.T. NESTOROVSKI	6,5)
ALLENATORE SOTTIL	6

ARBITRO ***AYROLDI DI MOLFETTA***

15ª GIORNATA

11 NOVEMBRE 2022

UN'ALTRA VITTORIA

LA CORSA DEL NAPOLI SEMBRA NON VOLERSI PIÙ FERMARE. GLI AZZURRI DI SPALLETTI CONTRO L'UDINESE SI PORTANO SUL 3-0. POI LA RIMONTA BIANCONERA CON NESTOROVSKI E SAMARDZIC, MA ALLA FINE AL MARADONA È FESTA GRANDE

IL SOLITO OSIMHEN SBLOCCA IL MATCH CONTRO L'UDINESE DI SOTTIL

IL MIGLIORE

7,5

ELMAS

Il travestimento da Kvara riesce così bene che sembra lui. Prende in prestito il pennello del georgiano per dipingere il cross del vantaggio

IL DESTRO PRECISO CON CUI IL POLACCO ZIELINSKI REALIZZA IL 2-0

16ª GIORNATA

4 GENNAIO 2023

LA PRIMA SCONFITTA

DOPO LA PAUSA PER IL MONDIALE, A INIZIO GENNAIO LA SERIE A RIPARTE CON IL BIG MATCH TRA INTER E NAPOLI. GLI UOMINI DI INZAGHI IMBRIGLIANO GLI AZZURRI E TROVANO CON DZEKO LA VITTORIA. L'INTER VA A MENO 7 DAL NAPOLI

DZEKO ESULTA DOPO IL GOL CHE RIPORTA L'INTER IN CORSA PER LO SCUDETTO

NELLA SERATA STORTA DI SAN SIRO, OLIVERA È IL MIGLIORE DEGLI AZZURRI

IL MIGLIORE **6,5**

OLIVERA

Gioca parecchi palloni perché, tatticamente parlando, il campo pende dalla sua parte. Confeziona pure il cross per Osimhen che potrebbe far girare la sfida dal proprio lato

Inter vs Napoli 1-0

primo tempo **0-0**

Marcatore

DZEKO 11' S.T.

Inter (3-5-2)

ONANA	6,5
SKRINIAR	7
ACERBI	7
BASTONI	7
DARMIAN	6
(DAL 31' S.T. DUMFRIES	6)
BARELLA	7,5
CALHANOGLU	6,5
MKHITARYAN	6,5
(DAL 38' S.T. GAGLIARDINI	S.V.)
DIMARCO	6,5
(DAL 19' S.T. GOSENS	6)
DZEKO	7,5
(DAL 31' S.T. CORREA	5)
LUKAKU	6
(DAL 19' S.T. LAUTARO	6,5)
ALLENATORE INZAGHI	7,5

Napoli (4-3-3)

MERET	6
DI LORENZO	5,5
RRAHMANI	5
KIM	6
OLIVERA	6,5
ANGUISSA	5,5
(DAL 31' S.T. NDOMBELE	6)
LOBOTKA	5,5
(DAL 39' S.T. SIMEONE	S.V.)
ZIELINSKI	5
(DAL 20' S.T. RASPADORI	6)
POLITANO	5,5
(DAL 20' S.T. LOZANO	5,5)
OSIMHEN	5
KVARATSKHELIA	5
(DAL 31' S.T. ELMAS	6)
ALLENATORE SPALLETTI	5,5

ARBITRO **SOZZA DI SEREGNO**

Sampdoria
VS
Napoli

0 – 2

primo tempo **0-1**

Marcatori

OSIMHEN 19' P.T.; **ELMAS** SU RIGORE 37' S.T.

Sampdoria (3-4-1-2)

AUDERO	7
MURILLO	5
(DAL 1' S.T. ZANOLI	6)
NUYTINCK	5,5
MURRU	5
LERIS	5,5
VIEIRA	6
(DAL 38' S.T. PAOLETTI	S.V.)
RINCON	4,5
AUGELLO	6
VERRE	6
(DAL 9' S.T. VILLAR	6)
GABBIADINI	5,5
(DAL 1' S.T. DJURICIC	5,5)
LAMMERS	5
(DAL 38' S.T. MONTEVAGO	S.V.)
ALLENATORE STANKOVIC	6

Napoli (4-3-3)

MERET	6
DI LORENZO	6
KIM	6,5
(DAL 1' S.T. RRAHMANI	6)
JUAN JESUS	6
MARIO RUI	6,5
ANGUISSA	6,5
(DAL 21' S.T. NDOMBELE	6)
LOBOTKA	6
ELMAS	6,5
(DAL 43' S.T. RASPADORI	S.V.)
POLITANO	6
(DAL 18' S.T. LOZANO	6)
OSIMHEN	7
KVARATSKHELIA	5,5
(DAL 18' S.T. ZIELINSKI	6)
ALLENATORE SPALLETTI	6,5

ARBITRO **ABISSO DI PALERMO**

17ª GIORNATA

8 GENNAIO 2023

RIPARTENZA IMMEDIATA

DOPO LO SCIVOLONE DI SAN SIRO LE PRETENDENTI ALLO SCUDETTO CHE SPERAVANO IN UN CALO DEL NAPOLI DEVONO RICREDERSI. GLI AZZURRI RIPRENDONO LA MARCIA, SBARAZZANDOSI DELLA SAMPDORIA, E SI PREPARANO ALLA SFIDA CON LA JUVENTUS

PER MERET A MARASSI UN'ALTRA PARTITA TERMINATA A PORTA INVIOLATA

OSIMHEN ESULTA DOPO AVER SEGNATO L'1-0: AUDERO NON PUÒ NULLA

IL MIGLIORE

7

OSIMHEN

Un gran gol perché costruisce l'azione dal basso prima di rifinirla con classe e precisione. Il Napoli aveva bisogno del suo cannoniere, già in doppia cifra, e trova anche un leader importante

IL RIGORE CON CUI ELMAS REALIZZA LA RETE DEL DEFINITIVO 2-0 E CHIUDE I CONTI CON LA SAMPDORIA DI STANKOVIC

A FINE PARTITA LA SQUADRA FESTEGGIA DAVANTI AI TANTISSIMI TIFOSI CHE L'HANNO SEGUITA IN TRASFERTA FINO A GENOVA

Napoli VS Juventus

5 – 1

primo tempo ***2-1***

Marcatori

OSIMHEN (N) 14', **KVARATSKHELIA** (N) 39',
DI MARIA (J) 42' P.T.;
RRAHMANI (N) 10', **OSIMHEN** (N) 20', **ELMAS** (N) 27' S.T.

Napoli (4-3-3)

MERET	7
DI LORENZO	7
RRAHMANI	7
KIM	6
MARIO RUI	6,5
(DAL 25' S.T. OLIVERA	6)
ANGUISSA	6
LOBOKTA	7
ZIELINSKI	6
(DAL 34' S.T. NDOMBELE	S.V.)
POLITANO	6,5
(DAL 1' S.T. ELMAS	7)
OSIMHEN	8,5
(DAL 34' S.T. RASPADORI	S.V.)
KVARATSKHELIA	7,5
(DAL 39' S.T. LOZANO	S.V.)
ALLENATORE SPALLETTI	8

Juventus (3-5-1-1)

SZCZESNY	5,5
DANILO	4,5
BREMER	4,5
ALEX SANDRO	4
CHIESA	5
(DAL 29' S.T. MIRETTI	S.V.)
MCKENNIE	4,5
LOCATELLI	5,5
(DALL'11' S.T. PAREDES	5)
RABIOT	5,5
(DAL 38' S.T. SOULÉ	S.V.)
KOSTIC	4,5
DI MARIA	7
(DAL 29' S.T. ILING	S.V.)
MILIK	5
(DALL'11' S.T. KEAN	5)
ALLENATORE ALLEGRI	4

ARBITRO **DOVERI DI ROMA**

18ª GIORNATA

13 GENNAIO 2023

MANITA ALLA JUVENTUS

AL MARADONA È NAPOLI SHOW: LA JUVE È SCHIANTATA. GLI AZZURRI SONO PERFETTI, OSIMHEN E KVARA DANNO SPETTACOLO E SBLOCCANO LA PARTITA, DI MARIA ACCORCIA PER I BIANCONERI MA GLI AZZURRI NON VANNO MAI IN DIFFICOLTÀ E NEL 2° TEMPO DILAGANO REALIZZANDO ALTRI TRE GOL

I DUE TECNICI, ALLEGRI E SPALLETTI, SI STRINGONO LA MANO A INIZIO PARTITA

KVARATSKHELIA ABBRACCIA OSIMHEN, AUTORE DELLA PRIMA RETE DEL MATCH

IL PRECISO DESTRO CON CUI KVARATSKHELIA REALIZZA IL 2-0 PER GLI AZZURRI: È STATA UN'ALTRA NOTTE SPECIALE PER IL GEORGIANO

AL 55' È RRAHMANI, DOPO IL GOL DI DI MARIA, A RIPORTARE IL NAPOLI SUL 3-1 TENENDO LA JUVE DI NUOVO LONTANA

www.gazzetta.it — Sabato 14/1/2023 Anno 127 / numero 12 euro 2,00

La Gazzetta dello Sport

Tuttoilrosa della vita

IERI	NAPOLI-JUVE	5-1
OGGI	CREMONESE-MONZA	15
	LECCE-MILAN	18
	INTER-VERONA	20.45
DOMANI	SASSUOLO LAZIO	12.30
	TORINO-SPEZIA	15
	UDINESE-BOLOGNA	15
	ATALANTA-SALERNITANA	18
	ROMA-FIORENTINA	20.45
LUNEDÌ	EMPOLI-SAMPDORIA	20.45

CLASSIFICA 18ª GIORNATA

NAPOLI	47	LECCE	19
MILAN	37	BOLOGNA	19
JUVENTUS	37	EMPOLI	19
INTER	34	SALERNITANA	18
LAZIO	31	MONZA	18
ATALANTA	31	SASSUOLO	16
ROMA	31	SPEZIA	15
UDINESE	25	VERONA	9
FIORENTINA	23	SAMPDORIA	9
TORINO	23	CREMONESE	7

Champions League · Europa League · Conference League · Serie B

Voto 8,5 Victor Osimhen, doppietta

JUVE STORICO KO: È TRAVOLTA 5-1
SPALLETTI, UNA FUGA DA SCUDETTO

NAPOLI +10 E LODE

L'ANALISI
LEZIONE A MAX CHI GIOCA MEGLIO VINCE O STRAVINCE
di *Luigi Garlando*
▶ Alle pagine 2-3

Osimhen e Kvara fanno a pezzi la difesa bianconera Gioia De Laurentiis «Indimenticabile» Allegri: «Bravi loro ma non finisce qui»

di CECCHINI, CORNACCHIA, DALLA VITE, DELLA VALLE, FROSIO, GUIDI ▶ DA 2 A 9

A SAN SIRO C'È IL VERONA
RIMPIANTO INTER
Ecco perché non prendere Dybala è stato un errore

di LICARI, STOPPINI ▶ 12-13
(Paulo Dybala, preso dalla Roma in estate)

PIOLI E LE ISTRUZIONI PER LA RIMONTA
GIROUD PROVACI TU
Un'occasione per i big a Lecce dopo il flop in Coppa Italia

di GOZZINI, VELLUZZI ▶ 10-11 (Pioli e Giroud)

IL CASO
Un guaio tira l'altro È il tramonto di IBRA
Servizio a pagina ▶ 11 (Zlatan Ibrahimovic, 41 anni)

LE STORIE

VERSO IL QUARTO SÌ
NOZZE DA FENOMENO IL POKER DI RONALDO
di VERNAZZA ▶ 26-27
(Ronaldo, 46 anni, con Celina)

LA PREMIER NON LO TRATTA PIÙ
HA 18 O 22 ANNI? IL MISTERO MOUKOKO
di BERGONZINI ▶ 27
(Moukoko del Dortmund)

IL ROMPIPALLONE
di *Gene Gnocchi*
Shakira accusa Piqué: «Ha lasciato una Ferrari per una Twingo». La stessa cosa che De Laurentiis ha detto a Koulibaly.

Poste Italiane Sped. in A.P. - D.L. 353/2003 conv. L. 46/2004 art. 1, c1, DCB Milano

OSIMHEN SI CONFERMA IMPLACABILE: CON UN COLPO DI TESTA IMPERIOSO SUPERA IL PORTIERE SZCZESNY PER IL 4-1 DEL NAPOLI

IL MIGLIORE

8,5

OSIMHEN

Un predatore rapidissimo e famelico, basta che muova l'aria per spaventare chi lo marca: primo gol a una grande, aggiunge pure il secondo. E un assist

LA GIOIA DI ELMAS E DEI SUOI COMPAGNI DOPO LA RETE DEL DEFINITIVO 5-1: AL MARADONA PER LA JUVE NON C'È STATA PARTITA

Salernitana VS Napoli

0 – 2

primo tempo ***0-1***

Marcatori

DI LORENZO 48' P.T.; **OSIMHEN** 3' S.T.

Salernitana (4-5-1)

OCHOA	6
DANILIUC	5
(DAL 40' S.T. SAMBIA	S.V.)
GYOMBER	S.V.
(DAL 16' P.T. LOVATO	5,5)
PIROLA	5,5
BRADARIC	5,5
CANDREVA	5,5
COULIBALY	5
NICOLUSSI CAVIGLIA	6
VILHENA	5,5
(DAL 28' S.T. VALENCIA	5,5)
DIA	5
(DAL 40' S.T. BONAZZOLI	S.V.)
PIATEK	6,5
ALLENATORE NICOLA	5,5

Napoli (4-3-3)

MERET	7
DI LORENZO	7
RRAHMANI	6
KIM	5,5
MARIO RUI	6,5
ANGUISSA	7
LOBOTKA	6,5
ZIELINSKI	6
(DAL 41' S.T. NDOMBELE	S.V.)
LOZANO	6
(DAL 41' S.T. POLITANO	S.V.)
OSIMHEN	7
(DAL 44' S.T. SIMEONE	S.V.)
ELMAS	6,5
ALLENATORE SPALLETTI	7

ARBITRO ***CHIFFI DI PADOVA***

19ª GIORNATA

21 GENNAIO 2023

QUOTA 50 AL GIRO DI BOA

IL GIRONE D'ANDATA PER IL NAPOLI TERMINA CON UN'ALTRA VITTORIA. NEL DERBY CAMPANO CONTRO LA SALERNITANA I RAGAZZI DI SPALLETTI VINCONO 2-0 E TOCCANO QUOTA 50 PUNTI IN CLASSIFICA, MENTRE MILAN E INTER NON RIESCONO A TENERE IL PASSO DEGLI AZZURRI

ANCHE A SALERNO LOBOTKA HA DATO ORDINE E GEOMETRIE AL GIOCO DEL NAPOLI

IL MIGLIORE

7

OSIMHEN

Ancora un'altra prova da leader e trascinatore. Quando la palla gira lenta nella trequarti lui comunque fa a sportellate e si crea le occasioni. Fino al gol da grande opportunista. E ne sfiora almeno altri due

CAPITAN DI LORENZO FESTEGGIA NEL RECUPERO IL GOL CHE SBLOCCA LA PARTITA

OSIMHEN È INARRESTABILE: ANCORA UN GOL, ANCHE NEL DERBY A SALERNO. PER LUI LA RETE DEL DEFINITIVO 2-0

ANGUISSA, TRA I MIGLIORI IN CAMPO, È PROTAGONISTA DELL'AZIONE DA CUI SCATURISCE IL GOL DI DI LORENZO

Napoli VS Roma

2–1

primo tempo ***1-0***

Marcatori

OSIMHEN (N) 17' P.T.; **EL SHAARAWY** (R) 30',
SIMEONE (N) 41' S.T.

Napoli (4-3-3)

MERET	7
DI LORENZO	6,5
RRAHMANI	7
KIM	7
MARIO RUI	6,5
(DAL 23' S.T. OLIVERA	6,5)
ANGUISSA	6
LOBOTKA	7
ZIELINSKI	7
(DAL 47' S.T. NDOMBELE	S.V.)
LOZANO	6,5
(DAL 31' S.T. SIMEONE	7)
OSIMHEN	7,5
(DAL 31' S.T. RASPADORI	6,5)
KVARATSKHELIA	6,5
(DAL 23' S.T. ELMAS	6)
ALLENATORE SPALLETTI	7,5

Roma (3-5-2)

RUI PATRICIO	7
MANCINI	6
SMALLING	5,5
IBANEZ	5
ZALEWSKI	6,5
CRISTANTE	6
(DAL 44' S.T. VOLPATO	S.V.)
MATIC	6,5
(DAL 38' S.T. TAHIROVIC	S.V.)
PELLEGRINI	6
(DAL 38' S.T. BOVE	S.V.)
SPINAZZOLA	6
(DAL 1' S.T. EL SHAARAWY	7)
DYBALA	5,5
ABRAHAM	5,5
(DAL 28' S.T. BELOTTI	5)
ALLENATORE MOURINHO	6

ARBITRO ***ORSATO DI SCHIO***

20ª GIORNATA

29 GENNAIO 2023

CON LA ROMA TRE PUNTI D'ORO

IL GIRONE DI RITORNO SI APRE CON LA SFIDA ALLA ROMA DI MOURINHO. GLI AZZURRI VANNO IN VANTAGGIO CON OSIMHEN, MA VENGONO RIPRESI AL 75' DA EL SHAARAWY. QUANDO LA SFIDA SEMBRA INDIRIZZATA VERSO IL PAREGGIO CI PENSA SIMEONE A DARE AGLI AZZURRI ALTRI 3 PUNTI PESANTISSIMI

LA COPPIA D'ASSI: KVARATSKHELIA ABBRACCIA OSIMHEN DOPO IL GOL DEL NIGERIANO

IL MIGLIORE

7,5

OSIMHEN

Un altro gol strepitoso alla Roma, pressing esaltante e il pubblico che lo invoca durante diverse fasi di gioco. Leader vero anche dalla panchina

EL SHAARAWY TROVA IL GOL DELL'1-1 BEFFANDO LA DIFESA PARTENOPEA

DA POCO IN CAMPO, SIMEONE DECIDE LA SFIDA DEL MARADONA SEGNANDO LA RETE DECISIVA CONTRO LA ROMA NEL FINALE

MERET ESULTA DOPO IL GOL DEL CHOLITO. A FINE PRIMO TEMPO PER LUI UNA GRAN PARATA SU UN TIRO DI SPINAZZOLA

Spezia
VS
Napoli
0 – 3
primo tempo ***0-0***

Marcatori

KVARATSKHELIA SU RIGORE 1',
OSIMHEN 17' E 24' S.T.

Spezia (3-5-2)

DRAGOWSKI	5
AMPADU	5,5
CALDARA	5
(DAL 31' S.T. CIPOT	6)
NIKOLAOU	6
AMIAN	6
BOURABIA	5,5
ESPOSITO	5,5
(DAL 41' S.T. WISNIEWSKI	S.V.)
AGUDELO	5,5
RECA	5,5
SHOMURODOV	5,5
(DAL 31' S.T. KROLLIS	6)
VERDE	5,5
(DAL 31' S.T. MALDINI	5,5)
ALLENATORE GOTTI	6

Napoli (4-3-3)

MERET	6
DI LORENZO	6,5
RRAHMANI	7
KIM	6,5
MARIO RUI	6,5
(DAL 29' S.T. OLIVERA	6)
ANGUISSA	7
LOBOTKA	6,5
ZIELINSKI	6
(DAL 17' S.T. ELMAS	6)
LOZANO	6
(DAL 1' S.T. POLITANO	6)
OSIMHEN	7,5
(DAL 37' S.T. SIMEONE	S.V.)
KVARATSKHELIA	7,5
(DAL 29' S.T. NDOMBELE	6)
ALLENATORE SPALLETTI	7,5

ARBITRO ***DI BELLO DI BRINDISI***

21ª GIORNATA

4 FEBBRAIO 2023

UNA CORSA INARRESTABILE

IL NAPOLI VINCE ANCHE A LA SPEZIA GRAZIE A UNA RETE DI KVARATSKHELIA E ALLA DOPPIETTA DI OSHIMEN. LE INSEGUITRICI SONO SEMPRE DISTANTI, LA CAVALCATA DELLA "BANDA SPALLETTI" È INARRESTABILE

OSIMHEN SI COMPLIMENTA CON KVARA CHE HA SEGNATO IL RIGORE DELL'1-0

IL NUMERO 9 DEL NAPOLI, OSIMHEN, E UNA SUA SPECIALITÀ: IL GOL DI TESTA

IL MIGLIORE

7,5

OSIMHEN

Vola alto e non solo coi numeri. Elevazione da Nba per il 2-0. Ama la Liguria: 8 reti qui

22ª GIORNATA

12 FEBBRAIO 2023

LA "VENDETTA" AZZURRA

L'OSTACOLO È LA CREMONESE CHE IN COPPA ITALIA, A SORPRESA, AVEVA ELIMINATO AI RIGORI LA SQUADRA DI SPALLETTI. IL NAPOLI STAVOLTA, IN CAMPIONATO, HA LA MEGLIO FACILMENTE CON UN NETTO 3-0

ANCHE CON LA CREMONESE IL PUBBLICO SI È FATTO SENTIRE TANTO

IL MIGLIORE

7

KVARATSKHELIA

Come un prestigiatore, nell'azione del gol quasi nasconde la palla prima di piazzarla in rete. Vale sempre il biglietto. Buon compleanno Kvaravaggio e auguri ai tuoi sogni

DI LORENZO ABBRACCIA ELMAS, AUTORE DEL GOL DEL DEFINITIVO 3-0

Napoli vs Cremonese

3 - 0

primo tempo ***1-0***

Marcatori

KVARATSKHELIA 21' P.T.;
OSIMHEN 20', **ELMAS** 34' S.T.

Napoli (4-3-3)

MERET	6
DI LORENZO	7
RRAHMANI	6,5
KIM	6,5
MARIO RUI	6,5
(DAL 26' S.T. OLIVERA	6)
ANGUISSA	6
LOBOTKA	7
(DAL 41' S.T. DEMME	S.V.)
ZIELINSKI	6
(DAL 26' S.T. ELMAS	7)
LOZANO	6,5
(DAL 38' S.T. NDOMBELE	S.V.)
OSIMHEN	7
KVARATSKHELIA	7
(DAL 38' S.T. RASPADORI	S.V.)
ALLENATORE SPALLETTI	7,5

Cremonese (3-5-2)

CARNESECCHI	6,5
FERRARI	5,5
(DAL 1' S.T. VALERI	5,5)
CHIRICHES	5,5
AIWU	5
SERNICOLA	6
PICKEL	6
(DAL 16' S.T. CASTAGNETTI	5,5)
MEITÉ	6
(DAL 31' S.T. ACELLA	5,5)
BENASSI	5,5
VASQUEZ	5
(DAL 23' S.T. GHIGLIONE	5,5)
TSADJOUT	5
(DAL 16' S.T. CIOFANI	5,5)
FELIX	5
ALLENATORE BALLARDINI	6

ARBITRO ***MASSIMI DI TERMOLI***

Sassuolo
VS
Napoli

0 – 2

primo tempo **0-2**

Marcatori

KVARATSKHELIA 13', **OSIMHEN** 33' P.T.

Sassuolo (4-3-3)

CONSIGLI	5
ZORTEA	5
ERLIC	5
TRESSOLDI	5
ROGERIO	5,5
FRATTESI	5,5
(DAL 41' S.T. ALVAREZ	S.V.)
M. LOPEZ	6
(DAL 41' S.T. OBIANG	S.V.)
HENRIQUE	5
(DAL 34' S.T. THORSTVEDT	S.V.)
BAJRAMI	5
(DAL 34' S.T. CEIDE	S.V.)
DEFREL	5,5
(DAL 13' S.T. PINAMONTI	5,5)
LAURIENTÉ	7
ALLENATORE DIONISI	5

Napoli (4-3-3)

MERET	6
DI LORENZO	6,5
RRAHMANI	6,5
KIM	6,5
OLIVERA	6,5
ANGUISSA	6,5
(DAL 34' S.T. NDOMBELE	S.V.)
LOBOTKA	7
ELMAS	6,5
(DAL 41' S.T. ZERBIN	S.V.)
POLITANO	6
(DAL 13' S.T. ZIELINSKI	6)
OSIMHEN	7,5
(DAL 41' S.T. SIMEONE	S.V.)
KVARATSKHELIA	7,5
(DAL 34' S.T. LOZANO	S.V.)
ALLENATORE SPALLETTI	7,5

ARBITRO **COLOMBO DI COMO**

23ª GIORNATA

17 FEBBRAIO 2023

NAPOLI SETTE BELLEZZE

GLI AZZURRI DI SPALLETTI BATTONO IL SASSUOLO E COLLEZIONANO IL SETTIMO SUCCESSO DI FILA IN CAMPIONATO. A LASCIARE IL SEGNO SONO ANCORA UNA VOLTA LE DUE STELLE: KVARA E OSIMHEN

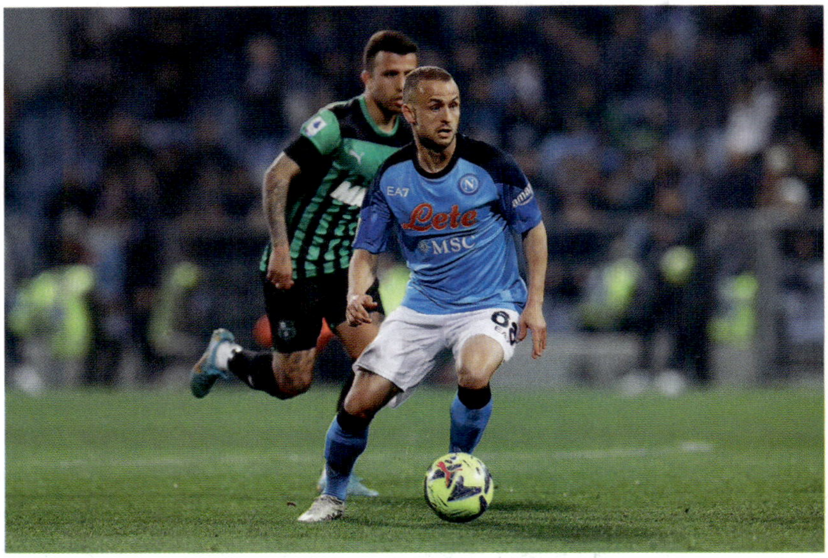

ANCHE CONTRO IL SASSUOLO, LOBOTKA È STATO UNO DEI MIGLIORI IN CAMPO

GOL AL BACIO PER KVARA: IL GEORGIANO SI CONFERMA UN VERO TOP PLAYER

IL MIGLIORE

7,5

KVARATSKHELIA

Gol alla Kvaradona prendendo palla a centrocampo e "giocando" tutti gli avversari. Quando parte avverti nello stadio quel senso di attesa per il numero, e difficilmente delude

OSIMHEN SEGNA DA POSIZIONE DEFILATA IL DEFINITIVO 2-0 E CHIUDE IL MATCH AL MAPEI STADIUM

BUONA PROVA DELL'URUGUAIANO OLIVERA CHE È RIUSCITO A PROPORSI CON CONTINUITÀ SULLA FASCIA SINISTRA

Empoli
VS
Napoli
0 – 2
primo tempo ***0-2***

Marcatori
AUTOGOL ISMAJLI (E) 17', **OSIMHEN** (N) 28' P.T.

Empoli (4-3-1-2)

VICARIO	5,5
EBUEHI	6
(DAL 23' S.T. STOJANOVIC	6)
ISMAJLI	5
LUPERTO	4,5
PARISI	6,5
HAAS	4,5
(DAL 32' S.T. PJACA	S.V.)
HENDERSON	4,5
(DAL 12' S.T. GRASSI	6)
MARIN	6
BALDANZI	5,5
SATRIANO	6
(DAL 32' S.T. VIGNATO	S.V.)
PICCOLI	5
(DAL 12' S.T. CAPUTO	6)
ALLENATORE ZANETTI	5

Napoli (4-3-3)

MERET	6
DI LORENZO	6
RRAHMANI	6,5
KIM	6,5
MARIO RUI	4
ANGUISSA	7
(DAL 48' S.T. GAETANO	S.V.)
LOBOTKA	6,5
ZIELINSKI	6,5
(DAL 48' S.T. NDOMBELE	S.V.)
LOZANO	6
(DAL 26' S.T. OLIVERA	6)
OSIMHEN	7
(DAL 39' S.T. SIMEONE	S.V.)
KVARATSKHELIA	7
(DAL 26' S.T. ELMAS	6,5)
ALLENATORE SPALLETTI	6,5

ARBITRO ***AYROLDI DI MOLFETTA***

24ª GIORNATA

25 FEBBRAIO 2023

E IL NAPOLI VA A +18...

SENZA FATICARE TROPPO, IL NAPOLI SI SBARAZZA DELL'EMPOLI, SUL CUI CAMPO LA SCORSA STAGIONE AVEVA PERSO TRE PUNTI IMPORTANTI. IL GIORNO SUCCESSIVO L'INTER CADE A BOLOGNA. PER GLI AZZURRI UN VANTAGGIO ENORME: + 18 SUI RIVALI

OSIMHEN, MASCHERA IN MANO E CLASSICA ESULTANZA DOPO LA RETE DEL 2-0

IL MIGLIORE

7

ANGUISSA

Un muro invalicabile: gli rimbalzano tutti addosso. E partecipa alla costruzione facendo sempre la cosa giusta

ANCHE IN 10 GLI AZZURRI TENGONO LE REDINI DELLA PARTITA GRAZIE ALLA FORZA DI ANGUISSA E ALLA REGIA DI LOBOTKA

25ª GIORNATA

3 MARZO 2023

LO SGAMBETTO DI SARRI

IL NAPOLI CADE AL MARADONA CONTRO LA LAZIO DELL'EX SARRI. L'UOMO DEL MATCH È VECINO. MA IL KO È PRATICAMENTE INDOLORE VISTO IL VANTAGGIO IN CLASSIFICA

LA FORMAZIONE DEL NAPOLI SCESA IN CAMPO CONTRO LA LAZIO

VECINO ESULTA DOPO AVER REALIZZATO LA RETE CHE HA DECISO IL MATCH

IL MIGLIORE

6,5

KIM

Anticipi e chiusure tempestive su Immobile, "para" un tiro di Milinkovic. Il pubblico lo invoca perché è un idolo e per poco non è lui a trovare il pari

Napoli VS Lazio

0 – 1

primo tempo **0-0**

Marcatore

VECINO 22' S.T.

Napoli (4-3-3)

MERET	6
DI LORENZO	6
RRAHMANI	6
KIM	6,5
OLIVERA	5
(DAL 49' S.T. ZEDADKA	S.V.)
ANGUISSA	5
(DAL 26' S.T. ELMAS	5,5)
LOBOTKA	5,5
(DAL 37' S.T. NDOMBELE	S.V.)
ZIELINSKI	5
(DAL 37' S.T. SIMEONE	S.V.)
LOZANO	5
(DAL 26' S.T. POLITANO	5,5)
OSIMHEN	5,5
KVARATSKHELIA	5,5
ALLENATORE SPALLETTI	6

Lazio (4-3-3)

PROVEDEL	7
MARUSIC	6,5
PATRIC	6
ROMAGNOLI	7
HYSAJ	6,5
MILINKOVIC	6,5
VECINO	7,5
LUIS ALBERTO	6,5
(DAL 43' S.T. CATALDI	S.V.)
F. ANDERSON	6
(DAL 15' S.T. PEDRO	6)
IMMOBILE	6
ZACCAGNI	6
(DAL 37' S.T. CANCELLIERI	6)
ALLENATORE SARRI	7,5

ARBITRO ***PAIRETTO DI NICHELINO***

Napoli VS Atalanta

2 - 0

primo tempo ***0-0***

Marcatori

KVARATSKHELIA 15', **RRAHMANI** 32' S.T.

Napoli (4-3-3)

GOLLINI	6,5
DI LORENZO	7
RRAHMANI	7
KIM	7,5
(DAL 31' S.T. JUAN JESUS	S.V.)
OLIVERA	6
ANGUISSA	7
LOBOTKA	7
ZIELINSKI	6,5
(DAL 21' S.T. NDOMBELE	6,5)
POLITANO	7
(DAL 21' S.T. ELMAS	6,5)
OSIMHEN	7,5
(DAL 40' S.T. SIMEONE	S.V.)
KVARATSKHELIA	8
(DAL 40' S.T. ZERBIN	S.V.)
ALLENATORE SPALLETTI	8

Atalanta (3-4-1-2)

MUSSO	5,5
TOLOI	5,5
(DAL 44' S.T. LOOKMAN	S.V.)
DJIMSITI	6
(DAL 44' S.T. DEMIRAL	5,5)
SCALVINI	5,5
MAEHLE	5,5
(DAL 23' S.T. ZAPPACOSTA	6)
DE ROON	6,5
EDERSON	5,5
RUGGERI	6
PASALIC	5,5
(DAL 23' S.T. BOGA	5,5)
HOJLUND	5
(DAL 1' S.T. MURIEL	6)
ZAPATA	6
ALLENATORE GASPERINI	5,5

ARBITRO ***COLOMBO DI COMO***

26ª GIORNATA

11 MARZO 2023

CHE KVARAVIGLIA!

AL MARADONA GLI AZZURRI SCONFIGGONO ANCHE L'ATALANTA. KVARA REALIZZA UNO DEI GOL PIÙ BELLI DELL'INTERO CAMPIONATO: IN DRIBBLING SUPERA LA DIFESA E INFILA LA PALLA SOTTO LA TRAVERSA. POI RRAHMANI CHIUDE I CONTI

CONTRO L'ATALANTA PER GLI AZZURRI C'È IN PORTA L'EX NERAZZURRO GOLLINI

IL FANTASTICO DESTRO DI KVARA: FINTE, CONTROFINTE E GOL

IL MIGLIORE

8

KVARATSKHELIA

Difficile trovare aggettivi per questo ragazzo georgiano che è l'essenza del calcio. Numeri di alta classe e un altro di quei gol che vedremo e rivedremo per apprezzarne fino in fondo la bellezza

ELMAS ABBRACCIA RRAHMANI DOPO IL 2-0 REALIZZATO DAL DIFENSORE KOSOVARO: CALA IL SIPARIO SUL MATCH

SPALLETTI SI COMPLIMENTA CON I SUOI GIOCATORI A FINE PARTITA PER L'ENNESIMA PROVA SPETTACOLARE DEGLI AZZURRI

Torino
VS
Napoli

0 – 4

primo tempo ***0-2***

Marcatori

OSIMHEN 9′, **KVARATSKHELIA** SU RIGORE 35′ P.T.; **OSIMHEN** 6′, **NDOMBELE** 23′ S.T.

Torino (3-4-1-2)

MILINKOVIC	5,5
GRAVILLON	5
(DAL 9′ S.T. DJIDJI	5,5)
SCHUURS	4,5
RODRIGUEZ	6
SINGO	4,5
(DAL 30′ S.T. AINA	S.V.)
LINETTY	4,5
(DAL 9′ S.T. ILIC	5)
RICCI	6
VOJVODA	5
(DAL 9′ S.T. BUONGIORNO	5,5)
VLASIC	6
(DAL 40′ S.T. SECK	S.V.)
SANABRIA	5,5
RADONJIC	5
ALLENATORE JURIC	6

Napoli (4-3-3)

MERET	6
DI LORENZO	7
RRAHMANI	6
(DAL 27′ S.T. OSTIGARD	6)
KIM	6,5
OLIVERA	7
ANGUISSA	6,5
LOBOTKA	7
(DAL 40′ S.T. GAETANO	S.V.)
ZIELINSKI	6
(DAL 20′ S.T. NDOMBELE	7)
LOZANO	6
(DAL 20′ S.T. ELMAS	6)
OSIMHEN	8,5
(DAL 27′ S.T. SIMEONE	6)
KVARATSKHELIA	7,5
ALLENATORE SPALLETTI	8

ARBITRO ***MARCHETTI DI OSTIA LIDO***

27ª GIORNATA

19 MARZO 2023

UN ALTRO POKER

LA CORSA DEL NAPOLI NON CONOSCE SOSTE. A TORINO LA SQUADRA DI SPALLETTI SI IMPONE 4-0. A TRASCINARLA SONO SEMPRE LE DUE STELLE: OSIMHEN (DOPPIETTA) E KVARA (GOL SU RIGORE). CHIUDE NDOMBELE, AUTORE DELLA RETE FINALE

OSIMHEN ESULTA DOPO AVER SEGNATO IL GOL CHE HA APERTO LA PARTITA

INFALLIBILE KVARATSKHELIA: SU RIGORE REALIZZA IL GOL DEL PROVVISORIO 2-0

OSIMHEN DI TESTA NON PERDONA: IL NIGERIANO SEGNA IL GOL DEL 3-0. PER LUI È LA RETE NUMERO 21 IN CAMPIONATO

IL MIGLIORE

8,5

OSIMHEN

Così forte da ammaliare anche i tifosi avversari. Contendergli il cielo è un'impresa: altri due gol di testa. Fisicamente dominante

NDOMBELE CHIUDE I CONTI SEGNANDO IL QUARTO GOL. ANCHE A TORINO IL NAPOLI HA MOSTRATO TUTTA LA SUA FORZA

Napoli
VS
Milan

0 – 4

primo tempo ***0-2***

Marcatori

LEAO 17′, **DIAZ** 25′ P.T.;
LEAO 14′, **SAELEMAEKERS** 22′ S.T.

Napoli (4-3-3)

MERET	5,5
DI LORENZO	5,5
RRAHMANI	4,5
KIM	4,5
(DAL 36′ S.T. JUAN JESUS	S.V.)
MARIO RUI	4,5
ANGUISSA	5
LOBOTKA	5
(DAL 22′ S.T. NDOMBELE	5,5)
ZIELINSKI	5
(DAL 22′ S.T. ELMAS	5,5)
POLITANO	5,5
(DAL 22′ S.T. LOZANO	5)
SIMEONE	5,5
(DAL 32′ S.T. RASPADORI	6)
KVARATSKHELIA	5
ALLENATORE SPALLETTI	4

Milan (4-2-3-1)

MAIGNAN	7
CALABRIA	7
KJAER	7
TOMORI	7
HERNANDEZ	7
KRUNIC	7,5
(DAL 38′ S.T. DE KETELAERE	S.V.)
TONALI	8
DIAZ	8
(DAL 12′ S.T. SAELEMAEKERS	7)
BENNACER	7
(DAL 38′ S.T. BAKAYOKO	S.V.)
LEAO	8
(DAL 28′ S.T. REBIC	S.V.)
GIROUD	6,5
(DAL 28′ S.T. ORIGI	S.V.)
ALLENATORE PIOLI	8

ARBITRO ***RAPUANO DI RIMINI***

28ª GIORNATA

2 APRILE 2023

UNA SCONFITTA INDOLORE

AL MILAN RIESCE LA PARTITA PERFETTA E SI IMPONE AL MARADONA 4-0. PER GLI AZZURRI DI SPALLETTI È UNA SERATA NO, MA IL VANTAGGIO IN CLASSIFICA È INCOLMABILE E LO SCUDETTO RIMANE VICINO

IL PESO DELL'ATTACCO È SOLO SULLE SPALLE DI SIMEONE

IL FANTASTICO TOCCO SOTTO CON CUI LEAO APRE IL MATCH E SEGNA L'1-0

IL MIGLIORE

6

RASPADORI

Lo scatto bruciante, il tiro a fil di palo dimostra che Jack c'è e vuol tornare protagonista. L'unica nota lieta in una notte da incubo

SULLO 0-4, IL MIGLIORE DEGLI AZZURRI, RASPADORI, CALCIA DI POCO FUORI LA PALLA DEL POSSIBILE GOL PER IL NAPOLI

UN DUELLO TUTTO FISICITÀ TRA ANGUISSA E TONALI

LA STRETTA DI MANO A FINE GARA TRA KVARATSKHELIA E LEAO

Lecce

VS

Napoli

1 – 2

primo tempo ***0-1***

Marcatori

DI LORENZO (N) 19' P.T.;

DI FRANCESCO (L) 7', **AUTOGOL GALLO** (L) 19' S.T.

Lecce (4-3-3)

FALCONE	4,5
GENDREY	5,5
BASCHIROTTO	6,5
UMTITI	6
GALLO	5
GONZALEZ	5,5
(DAL 26' S.T. HELGASON	5,5)
HJULMAND	6
MALEH	5,5
(DAL 35' S.T. ASKILDSEN	S.V.)
OUDIN	6
(DAL 35' S.T. STREFEZZA	S.V.)
CEESAY	5,5
(DAL 35' S.T. PERSSON	S.V.)
DI FRANCESCO	6,5
(DAL 44' S.T. BANDA	S.V.)
ALLENATORE BARONI	6

Napoli (4-3-3)

MERET	6,5
DI LORENZO	6,5
RRAHMANI	5
KIM	6
MARIO RUI	6
(DAL 49' S.T. OLIVERA	S.V.)
ANGUISSA	5
LOBOTKA	6
ELMAS	6
LOZANO	5,5
(DAL 21' S.T. NDOMBELE	5,5)
RASPADORI	5
(DAL 21' S.T. SIMEONE	S.V.)
(DAL 38' S.T. POLITANO	S.V.)
KVARATSKHELIA	6
(DAL 44' S.T. ZERBIN	S.V.)
ALLENATORE SPALLETTI	6

ARBITRO ***MANGANIELLO DI PINEROLO***

29ª GIORNATA

7 APRILE 2023

IL NAPOLI RIPRENDE LA CORSA

DOPO IL KO INTERNO COL MILAN, IL NAPOLI RIPRENDE LA CORSA SCUDETTO VINCENDO A LECCE. SEGNA DI LORENZO, IL LECCE PAREGGIA CON DI FRANCESCO MA L'AUTOGOL DI GALLO CONSEGNA UNA SOFFERTA VITTORIA AGLI AZZURRI

MERET MANDA IN ANGOLO UN TIRO VELENOSO DEL GIALLOROSSO MALEH

IL COLPO DI TESTA CON CUI CAPITAN DI LORENZO SBLOCCA IL MATCH

IL MIGLIORE

6,5

DI LORENZO

Non si arrende mai anche se è evidentemente stanco. Ha i tempi per l'inserimento del gol in area, ma è meno fluido

30ª GIORNATA

15 APRILE 2023

PARI, PENSANDO ALL'EUROPA

CONTRO IL VERONA SPALLETTI SI AFFIDA AL TURNOVER IN VISTA DELLA SFIDA DI CHAMPIONS LEAGUE CON IL MILAN. GLI AZZURRI NON TROVANO IL GOL, NONOSTANTE IL RITORNO DI OSIMHEN CHE CREA NON POCHI PERICOLI ALLA DIFESA GIALLOBLÙ

CON L'HELLAS SPALLETTI DÀ UN TURNO DI RIPOSO A LOBOTKA: GIOCA DEMME

IL MIGLIORE

6,5

DI LORENZO

Come sempre, il più lucido e anche il più pericoloso almeno fino a quando non entra Osimhen. Manda fuori di testa e di destro, prova a costruire gioco sia dalla fascia sia stringendo al centro

AL RIENTRO DALL'INFORTUNIO OSIMHEN CENTRA LA TRAVERSA CON UN GRAN DESTRO

Napoli VS Hellas Verona

0 – 0

Napoli (4-3-3)

MERET	6
DI LORENZO	6,5
KIM	6
JUAN JESUS	6
OLIVERA	5,5
ANGUISSA	6
DEMME	4,5
(DAL 20' S.T. ZIELINSKI	5,5)
ELMAS	5
(DAL 28' S.T. LOBOTKA	6,5)
POLITANO	6,5
(DAL 39' S.T. ZEDADKA	S.V.)
RASPADORI	4,5
(DAL 28' S.T. OSIMHEN	6,5)
LOZANO	5
(DAL 20' S.T. KVARATSKHELIA	6)
ALLENATORE SPALLETTI	5,5

Hellas Verona (4-2-3-1)

MONTIPÒ	6
FARAONI	6,5
(DAL 25' S.T. TERRACCIANO	5,5)
DAWIDOWICZ	6,5
HIEN	7,5
CECCHERINI	6
(DAL 20' S.T. COPPOLA	6)
TAMEZE	7,5
ABILDGAARD	6
LASAGNA	6,5
(DAL 42' S.T. NGONGE	4)
DUDA	5,5
(DAL 25' S.T. VERDI	7)
DEPAOLI	6
GAICH	5
(DAL 20' S.T. DJURIC	6)
ALLENATORE ZAFFARONI	7

ARBITRO **LA PENNA DI ROMA**

Juventus
VS
Napoli
0 – 1

primo tempo ***0-0***

Marcatore

RASPADORI 48′ S.T.

Juventus (3-4-2-1)

SZCZESNY	5,5
GATTI	5,5
RUGANI	6
DANILO	6
CUADRADO	5,5
LOCATELLI	6,5
RABIOT	6
KOSTIC	5,5
(DAL 15′ S.T. CHIESA	5,5)
SOULÉ	6,5
(DAL 21′ S.T. FAGIOLI	5,5)
MIRETTI	6
(DAL 15′ S.T. DI MARIA	6)
MILIK	5,5
(DAL 45′ S.T. VLAHOVIC	S.V.)
ALLENATORE ALLEGRI	5,5

Napoli (4-3-3)

MERET	6
DI LORENZO	6
KIM	6,5
JESUS	6
OLIVERA	6
ANGUISSA	6
LOBOTKA	6,5
(DAL 51′ S.T. RRAHMANI	S.V.)
NDOMBELE	6
(DAL 23′ S.T. ZIELINSKI	6,5)
LOZANO	6
(DAL 23′ S.T. ELMAS	7)
OSIMHEN	6
KVARATSKHELIA	6
(DAL 41′ S.T. RASPADORI	7)
ALLENATORE SPALLETTI	7,5

ARBITRO ***FABBRI DI RAVENNA***

31ª GIORNATA

23 APRILE 2023

SPALLETTI CALA IL JACK

DOPO LA VITTORIA NELLA GARA DI ANDATA, IL NAPOLI SCONFIGGE LA JUVENTUS ANCHE NELLA SFIDA DI RITORNO. A DECIDERE IL MATCH È, NEL RECUPERO DEL SECONDO TEMPO, UN TIRO AL VOLO DI RASPADORI, SERVITO DA UN PRECISO CROSS DI ELMAS

L'UNDICI AZZURRO SCESO IN CAMPO NELLA SFIDA DELLO STADIUM CON LA JUVENTUS

LOBOTKA, A SINITRA, E ANGUISSA, A DESTRA, CONTENDONO UN PALLONE A CUADRADO

IL MIGLIORE

7

RASPADORI

Entra quando la partita è al tramonto ma rimette il sole in tronte al Napoli con un gran sinistro al volo che porta lo scudetto

CAPITAN DI LORENZO CONTENDE UN PALLONE A RABIOT. PER L'ESTERNO È STATA UNA PARTITA DI COPERTURA: SEMPRE EFFICACE

IL SINISTRO AL VOLO CON CUI GIACOMO RASPADORI HA DECISO IL MATCH. L'ATTACCANTE SI È FATTO TROVARE PRONTO AL MOMENTO GIUSTO

www.gazzetta.it

Lunedì 24/4/2023 Anno 127 numero 96 euro 1,50

La Gazzetta dello Sport

Tutto il rosa della vita

kerakoll

POSTO CHAMPIONS: LEAO E LUKAKU SHOW

LA COPPIA dei CAMPIONI

kerakoll

MILAN
Rafa con il Lecce vince da solo «Con il mio fisico devo fare di più Rinnovo? Sì, ma...»
di BIANCHIN, FALLISI, LICARI ▸ 10-11-12-13 (Leao, 23)

INTER
Romelu a Empoli fa doppietta in A dopo oltre 2 anni «Devo sdebitarmi con questo club»
di CONTICELLO, STOPPINI, VERNAZZA ▸ 14-15-16-17

NAPOLI GIÀ IN FESTA
DOMENICA PUÒ ARRIVARE IL TERZO SCUDETTO

'O SOLE TUO

Raspadori in gol nel recupero: Juve altro ko Allegri s'infuria: «Noi polli» Spalletti: «Bello dopo avere fatto tanta gavetta»
di CORNACCHIA, DALLA VITE, DELLA VALLE, GARLANDO, NICITA ▸ 2-3-5-6-7-8
(Raspadori e Osimhen)

IL COMMENTO
ORMAI MARADONA È A UN PASSO
di *Stefano Agresti* ▸ 28-29

IL ROMPIPALLONE
di *Gene Gnocchi*
L'arbitro di Juve-Napoli giustifica il mancato rosso a Gatti: «Aveva chiesto in anticipo la grazia a Gravina».

IL POSTICIPO (ORE 20.45)
Roma Mou va a 100 contro l'Atalanta per l'euro-scatto
di CECCHINI, ELEFANTE ▸ 20-21

LA SPINTA PER L'EUROPA
Toro in crescita e da gran finale Juric ci crede
di CECERE ▸ 23

VENERDÌ	VERONA-BOLOGNA	2-1
SABATO	SALERNITANA-SASSUOLO	3-0
	LAZIO-TORINO	0-1
	SAMPDORIA-SPEZIA	1-1
IERI	EMPOLI-INTER	0-3
	MONZA-FIORENTINA	3-2
	UDINESE-CREMONESE	3-0
	MILAN-LECCE	2-0
	JUVENTUS-NAPOLI	0-1
OGGI	ATALANTA-ROMA	20.45

CLASSIFICA
31ª GIORNATA

Champions League
Europa League
Conference League
Serie B

NAPOLI	78	FIORENTINA	42
LAZIO	61	MONZA	41
JUVENTUS	59	SASSUOLO	40
ROMA	56	SALERNITANA	33
MILAN	56	EMPOLI	32
INTER	54	LECCE	28
ATALANTA	49	SPEZIA	27
BOLOGNA	44	VERONA	26
TORINO	42	CREMONESE	19
UDINESE	42	SAMPDORIA	17

LA CLASSICA MONUMENTO
Evenepoel re a Liegi «E vedrete al Giro» Pogacar polso rotto
di SCOGNAMIGLIO ▸ 38-39

Poste Italiane Sped. in A.P. - D.L. 353/2003 conv. L. 46/2004 art. 1, c1, DCB Milano

I COMPAGNI DI SQUADRA ABBRACCIANO RASPADORI, AUTORE DEL GOL DELL'1-0. GLI AZZURRI SONO STATI UN GRUPPO MOLTO UNITO

ARIA DI SCUDETTO: I GIOCATORI DEL NAPOLI FESTEGGIANO A FINE PARTITA DAVANTI AI LORO TIFOSI GIUNTI IN GRANDE NUMERO ANCHE A TORINO

Napoli VS Salernitana

1-1

primo tempo ***0-0***

Marcatori

OLIVERA (N) 17', **DIA** (S) 39' S.T.

Napoli (4-3-3)

MERET	6
DI LORENZO	6
RRAHMANI	6
KIM	6,5
OLIVERA	6,5
(DAL 37' S.T. JUAN JESUS	S.V.)
ANGUISSA	6,5
(DAL 45' S.T. NDOMBELE	S.V.)
LOBOTKA	6
(DAL 45' S.T. SIMEONE	6)
ZIELINSKI	5
(DAL 15' S.T. RASPADORI	6,5)
LOZANO	6
(DAL 15' S.T. ELMAS	6,5)
OSIMHEN	6
KVARATSKHELIA	5,5
ALLENATORE SPALLETTI	6

Salernitana (3-4-2-1)

OCHOA	7,5
DANILIUC	5,5
(DAL 41' S.T. LOVATO	S.V.)
GYOMBER	7
PIROLA	7
MAZZOCCHI	6
(DAL 23' S.T. SAMBIA	6)
VILHENA	6
(DAL 23' S.T. PIATEK	5,5)
COULIBALY	6,5
BRADARIC	5,5
(DAL 23' S.T. BOHINEN	6)
KASTANOS	5,5
CANDREVA	5
(DAL 1' S.T. BOTHEIM	5,5)
DIA	7,5
ALLENATORE PAULO SOUSA	8

ARBITRO ***MARCENARO DI GENOVA***

32ª GIORNATA

30 APRILE 2023

A UN PASSO DAL TRICOLORE

CONTRO LA SALERNITANA PUÒ ARRIVARE LO SCUDETTO, ANCHE GRAZIE ALLA VITTORIA DELL'INTER SULLA LAZIO, MA IL NAPOLI, AVANTI 1-0 CON OLIVERA, SI FA RIPRENDERE DA UN SINISTRO A GIRO DI DIA. LA FESTA, PERÒ, È SOLO RINVIATA

ANCHE FUORI DAL MARADONA I TIFOSI ERANO PRONTI A FESTEGGIARE IL TITOLO

IL MIGLIORE

6,5

OLIVERA

Sta bene fisicamente, già nel primo tempo ha una buona occasione che spreca. Poi di testa entra con ottimo tempismo e sembrerebbe il gol scudetto ma non è così

OLIVERA BATTE OCHOA E FA FESTA: POTEVA ESSERE IL GOL SCUDETTO

DIA HA APPENA SEGNATO LA RETE DELL'1-1: GELA IL MARADONA E DÀ ALLA SALERNITANA UN PUNTO PREZIOSO PER LA SALVEZZA

LA DISPERAZIONE DI KVARA DOPO UN'OCCASIONE SPRECATA: NÉ LUI NÉ OSIMHEN SONO RIUSCITI A TROVARE LA VIA DEL GOL

Udinese
VS
Napoli
1 – 1
primo tempo ***1-0***

Marcatori

LOVRIC (U) 13' P.T.; **OSIMHEN** (N) 7' S.T.

Udinese (3-5-1-1)

SILVESTRI	6,5
BECAO	6,5
BIJOL	6
PEREZ	6
EIZIBUHE	6
(DAL 37' S.T. EBOSELE	S.V.)
SAMARDZIC	6
(DAL 37' S.T. THAUVIN	S.V.)
WALACE	6
LOVRIC	7
(DAL 33' S.T. ARSLAN	6)
UDOGIE	6
(DAL 29' S.T. ZEEGELAAR	6)
PEREYRA	6
NESTOROVSKI	6
ALLENATORE SOTTIL	6

Napoli (4-3-3)

MERET	6,5
DI LORENZO	6,5
RRAHMANI	6
KIM	6,5
OLIVERA	6
ANGUISSA	6
LOBOTKA	6,5
NDOMBELE	6
(DAL 19' S.T. ZIELINSKI	6,5)
ELMAS	6
OSIMHEN	7
KVARATSKHELIA	6
(DAL 40' S.T. LOZANO	S.V.)
ALLENATORE SPALLETTI	

ARBITRO ***ABISSO DI PALERMO***

33ª GIORNATA

4 MAGGIO 2023

NAPOLI IN PARADISO

NELLA SFIDA SCUDETTO DI UDINE, GLI AZZURRI CHIUDONO IL PRIMO TEMPO IN SVANTAGGIO, MA NELLA RIPRESA CI PENSA OSIMHEN A SEGNARE LA RETE DEL PAREGGIO E A CONSEGNARE IL TRICOLORE ALLA SQUADRA DI SPALLETTI. A NAPOLI INIZIA LA FESTA

ALLA DACIA ARENA, LOVRIC DI DESTRO PORTA IN VANTAGGIO I BIANCONERI

IL MIGLIORE

7

OSIMHEN

Il simbolo dello scudetto è lui e lo scudetto lo regala lui, da grande centravanti. Pure nel duro primo tempo non molla

OSIMHEN SI TOGLIE LA MASCHERA ED ESULTA: È SUO IL GOL SCUDETTO

A FINE PARTITA TANTISSIMI TIFOSI INVADONO IL CAMPO PER FESTEGGIARE CON I GIOCATORI LA CONQUISTA DEL TERZO TRICOLORE

LUCIANO SPALLETTI ABBRACCIA GIUSEPPE SANTORO, TEAM MANAGER DEL NAPOLI: FINALMENTE È ARRIVATO IL MOMENTO DEL TRIONFO

UN CIMELIO SPECIALE: UNA ZOLLA DEL TERRENO DELLA DACIA ARENA

IN PIAZZA DEL PLEBISCITO E IN ALTRI LUOGHI ICONICI DELLA CITTÀ S

L'ALTRA FESTA: ERANO IN 60MILA SUGLI SPALTI DELLO STADIO MARADONA

TIFOSI AZZURRI IN ESTASI: ASPETTAVANO QUESTO MOMEN

'STEGGIATO CON FUOCHI D'ARTIFICIO

ANCHE NEI QUARTIERI SPAGNOLI PER I TIFOSI È STATA UNA NOTTE INDIMENTICABILE

A 33 ANNI, DAI TEMPI DI DIEGO

TRA LE VIE DI NAPOLI LA FESTA È ANDATA AVANTI FINO ALL'ALBA

Il palmarès

3 SCUDETTI	1986/1987 1989/1990 2022/2023
6 COPPE ITALIA	1961/1962 1975/1976 1986/1987 2011/2012 2013/2014 2019/2020
2 SUPERCOPPE ITALIANE	1990 2014
1 COPPA UEFA	1988/1989

TIFOSI IN FESTA SOTTO ALLO STORICO MURALE DEDICATO A MARADONA

OSIMHEN E KVARATSKHELIA:
LA COPPIA PIÙ BELLA DEL CAMPIONATO